海上设施工作人员
海上交通安全技能专业培训教材

中国海油安全生产培训中心　组织编写
杨立军　焦权声　主　　编

气象出版社
China Meteorological Press

内容简介

为了加强海上交通安全管理，提高海上设施工作人员专业技能，中国海油安全生产培训中心根据《中华人民共和国海上设施工作人员海上交通安全技能培训管理办法》组织编写了本书。全书分为四章，以《海上设施工作人员海上交通安全技能培训大纲》为依据，详细介绍了海上设施工作人员应该掌握的“海上设施概述”“海上设施避碰基本知识”“海上设施信号基本知识”“海上通信”等专业知识，旨在帮助受训学员顺利完成培训并通过评估考试，保证海上设施工作人员符合交通运输部海事局的要求。本书紧扣培训大纲，内容系统完整，言简意赅，重点突出，图文并茂，适合全体海上设施工作人员专业培训使用。

图书在版编目（CIP）数据

海上设施工作人员海上交通安全技能专业培训教材 / 中国海油安全生产培训中心组织编写 ; 杨立军，焦权声主编. -- 北京 : 气象出版社，2024.4
ISBN 978-7-5029-8181-5

Ⅰ. ①海… Ⅱ. ①中… ②杨… ③焦… Ⅲ. ①海上交通—交通运输安全—教材 Ⅳ. ①U698

中国国家版本馆CIP数据核字(2024)第073499号

海上设施工作人员海上交通安全技能专业培训教材

HAISHANG SHESHI GONGZUO RENYUAN HAISHANG JIAOTONG ANQUAN JINENG ZHUANYE PEIXUN JIAOCAI

出版发行：气象出版社

地　　址：北京市海淀区中关村南大街46号　　**邮政编码**：100081

电　　话：010-68407112（总编室）　010-68408042（发行部）

网　　址：http://www.qxcbs.com　　**E-mail**：qxcbs@cma.gov.cn

责任编辑：彭淑凡　　**终　　审**：吴晓鹏

责任校对：张硕杰　　**责任技编**：赵相宁

封面设计：艺点设计

印　　刷：三河市君旺印务有限公司

开　　本：710 mm×1000 mm　1/16　　**印　　张**：8

字　　数：166千字

版　　次：2024年4月第1版　　**印　　次**：2024年4月第1次印刷

定　　价：38.00元

本书编审委员会

编写委员会

主　任： 孙万岭

副主任： 孟宪宽　刘英凡　李荣飞　焦权声　杨立军　李智青　王振华　孝建伟　麻立波

委　员（按姓氏笔画排序）：

马海峰　王　钊　王　奇　王　恒　王　琛　王　辉　王元龙　王旭辉　王顺红　王新军　公爱国　史　芳　冯　权　冯立卫　邢学武　伊　祥　刘　强　刘　键　刘莉峰　衣　朗　闫超杰　祁　超　孙伟博　孙宗宏　李　栋　李云斌　李松杰　李新军　杨兆俊　肖　博　宋　杰　张　林　张　路　张绍广　陈　强　苗玉超　苗红凯　金　鑫　郑启波　胡　军　秦　鹏　倪景伟　高立伟　高守一　高薇薇　黄　蓉　崔少梅　葛　坤　董德新　焦　龙　谭　昆　谭志强　薛立勇

审定委员会

主　任： 王　伟

副主任： 杨德兴　陈　戎　司念亭　章　焱　颜志华　周向京　王　勇　隋浩辰　白文元　刘　锋

委　员（按姓氏笔画排序）：

于　波　于小宁　王　蓓　王大勇　王文鑫　王世坤　王宝琴　王彦杰　吕留成　朱荣东　朱海龙　刘　缇　李海洋　张　群　张志宽　张微微　陈木华　陈维权　周　朗　宗　芳　赵红玲　胡少林　姜显英　耿　卉　高　阳　高乐旭　郭峙材　常明童　潘云柯

主　编： 杨立军　焦权声

副主编： 董德新　苗红凯　公爱国

前　言

随着国家海运事业发展和海上交通安全管理形势的变化，船舶和海上设施数量大幅增多，且普遍向大型化、专业化发展，海上交通环境日益复杂，安全风险显著增加。2021年4月29日，《中华人民共和国海上交通安全法》由中华人民共和国第十三届全国人民代表大会常务委员会第二十八次会议修订通过，自2021年9月1日起施行。新修订的《中华人民共和国海上交通安全法》强化船舶和船员管理、明确海上搜救机制、强调责任追究制度、细化事故调查等。其中第三十三条规定“海上设施停泊、作业，应当持有法定证书、文书，并按规定配备掌握避碰、信号、通信、消防、救生等专业技能的人员”。

交通运输部为加强海上交通安全管理，提高海上设施工作人员专业技能，保障海上人命和财产的安全，防止海洋环境污染，依据《中华人民共和国海上交通安全法》、其他国际公约及国内法规，结合海上设施实际情况，制定了《中华人民共和国海上设施工作人员海上交通安全技能培训管理办法》，并于2022年3月1日起施行。

为了贯彻落实《中华人民共和国海上设施工作人员海上交通安全技能培训管理办法》，提高海上设施工作人员海上交通安全技能的培训质量，中海油安全技术服务有限公司（中国海油安全生产培训中心）组织编写了《海上设施工作人员海上交通安全技能专业培训教材》。本教材紧扣《海上设施工作人员海上交通安全技能培训大纲》（以下简称《培训大纲》），以简练的语言、图文并茂的方式，兼顾培训体系的系统性和完整性，帮助学员全面掌握海上设施避碰、信号、通信等专业技能，顺利完成培训并通过考试。

依据《培训大纲》的结构，本教材共分为四章。第一章为“海上设施概述”，重点讲述了海上设施与船舶的特点，以及相关船舶靠泊海上设施的安全作业规范；第二章为“海上设施避碰基本知识”，重点讲述了避碰规则、相关图识读与应用等内容；第三章为“海上设施信号基本知识”，主要介绍了号灯、号型、信号的识别等知识；第四章为“海上通信”，重点讲述了海上通信设备基础知识与使用、海上设施常见的通信设备、海上遇险通信的程序等内容。

本书由杨立军、焦权声担任主编，董德新、苗红凯、公爱国担任副主编，孝建伟、麻立波、祁超、郑启波、王元龙、李云斌、高守一、张路、闫超杰、孙伟博、邢学武等参与编写。在编写本书的过程中，参考了大量的文献资料。本教材的编写和出版工作得到了各海事管理机构、海运院校及海上设施相关单位的大力支持，特表谢意，并向出版这些文献资料的作者和出版社致敬。

由于编者水平有限，疏漏之处在所难免，恳请读者批评指正，以求今后加以修订完善。

编者

2024 年 1 月

目　录

第一章

海上设施概述

第一节 海上设施简介

一、海上设施与船舶的定义

随着航海技术的不断发展，各类新型海洋工程不断涌现，海上船舶与海上设施的类型也越来越多。根据《1972年国际海上避碰规则》（简称《避碰规则》）、《中华人民共和国海上交通安全法》（简称《海上交通安全法》）、《中华人民共和国船舶和海上设施检验条例》（简称《船舶和海上设施检验条例》）等相关国际公约、国内法律法规的相关规定，结合有关船级社的入级规范及提供服务的具体情况，海上设施与船舶的内涵和外延简述如下。

1. 海上设施

《海上交通安全法》第一百一十七条第2款规定："海上设施，是指水上水下各种固定或者浮动建筑、装置和固定平台，但是不包括码头、防波堤等港口设施。"

《海上交通安全法》所定义的海上设施的内涵，与《船舶和海上设施检验条例》（2019年修订）所规定的海上设施的内涵基本相同，只不过特别强调了不包括码头、防波堤等港口设施。

从海上设施的外延上，海上设施又可以分为非海洋石油类海上设施和海洋石油类海上设施。

（1）非海洋石油类海上设施

中华人民共和国海事局于2020年4月印发的《船舶技术法规体系框架（2020）》，进一步明确了非海洋石油类海上设施的技术分类和相关规则，并根据《海上浮动设施技术规则（征求意见稿）》和《海上固定设施技术规则（征求意见稿）》（2021），非海洋石油类海上设施可分为海上浮动设施和海上固定设施。

海上浮动设施是指采用缆绳、锚链或者张力筋腱或压载等非刚性固定方式长期系固在某一地点并漂浮（包括坐底工况）于海面的建筑或装置。

海上固定设施是指通过导管架桩基、重力式基础或负压筒基础等底部支撑结构固定于海底，用于特定功能的建筑、装置。

（2）海洋石油类海上设施

海洋石油类海上设施，是指立于或位于水中或沿岸或其他断断续续被水覆盖的陆地上的被使用、将被使用或已被使用的用于海洋石油开发、生产的结构物，包括固定式生产平台、移动式生产平台、浮式储存装置、移动式钻井装置、人工岛、浮式旅馆、浮式生产储卸油装置（FPSO）、顺应塔生产平台、张力腿平台或深吃水立柱生产平台等。

2. 船舶

《海上交通安全法》第一百一十七条第 1 款规定："船舶，是指各类排水或者非排水的船、艇、筏、水上飞行器、潜水器、移动式平台以及其他移动式装置。"

《避碰规则》从海上避碰的角度，对船舶做出了定义。在《避碰规则》中，船舶是指用作或者能够用作水上运输工具的各类水上船筏，包括非排水船舶和水上飞机。显然，《避碰规则》中船舶的定义强调的是"用作或者能够用作水上运输工具的各类水上船筏"。

《海上交通安全法》和《避碰规则》中，船舶的内涵和外延相差不大，而且两者均将"移动式平台"或"移动式装置"纳入船舶的范畴。

3. 船舶与海上设施的区别与联系

通过对比《海上交通安全法》中船舶和海上设施的定义以及《船舶与海上设施法定检验规则》中涉及海上设施的检验规则发现，海上设施主要指水上水下各种固定或者浮动建筑、装置和固定平台，更加强调其海上浮动建筑、装置和固定平台通过底部支撑结构或者非刚性系泊缆索等固定在海上某一作业水域这一特性。而船舶是指用作或可以用作水上运输工具的各类水上船筏，更强调其可移动这一特性。

但是，在不同的分类方法下，船舶与海上设施并不是孤立的，而是存在某些交叉的。例如，海洋石油作业船舶和海洋石油移动平台，尽管按照定义它们属于船舶的范畴，但在海上石油生产安全监管中，包括对它们的检验，往往会被划入海洋石油作业设施的范畴。

二、海上设施的种类

按照不同的分类方法，海上设施有着不同的种类。

（一）按照海上设施安全监管法律体系进行分类

船舶和海上设施的安全监管法律体系如图 1-1 所示。

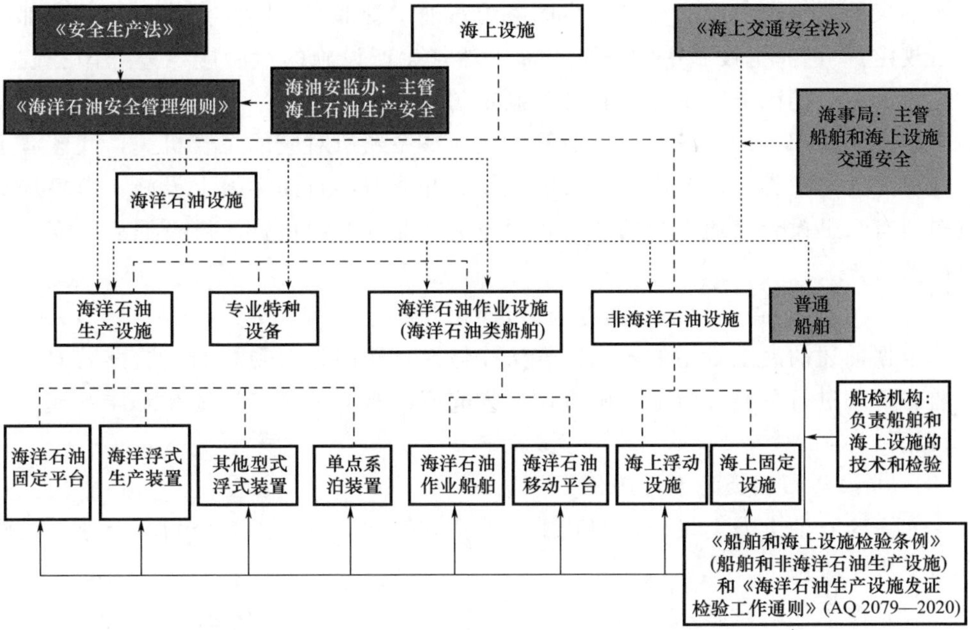

图 1-1　船舶和海上设施的安全监管法律体系

根据《海上交通安全法》的相关规定，交通运输部是负责全国海上交通安全的主管部门，而国家海事管理机构（即海事局）是负责全国海上交通安全的主管机关，后者主管船舶和海上设施的海上交通安全。船检机构（包括中华人民共和国船舶检验局和中国船级社），主要负责对船舶、海上设施和船运集装箱以及国家海事管理机构确定的关系海上交通安全的重要船用设备、部件和材料的检验工作。

根据《中华人民共和国安全生产法》（简称《安全生产法》）的相关规定，应急管理部是负责全国安全生产工作综合监督管理的国务院主管部门。同时，根据《海洋石油安全管理细则》（2015 年修订）的规定，国家安全生产监督管理总局（今应急管理部）海洋石油作业安全办公室（简称海油安办）负责对全国海洋石油安全生产工作实施监督管理。在国家安全生产监督管理总局并入应急管理部后，海洋石油安全生产监督管理办公室（简称海油安监办，挂靠在应急管理部下的“危险化学品安全监督管理二司”），仍然履行原海油安办的职责。同时，根据《海洋石油安全管理细则》的相关规定，涉及石油开发工程的海上设施可以分为油气生产设施、油气作业设施、专业设备三大类。

对海上设施的检验主要依据《船舶和海上设施检验条例》。根据该条例第三章的相关条款，海上设施的所有人或者经营人，必须向中华人民共和国船舶检验局（以下简称船检局）设置或者指定的船舶检验机构（统称船检机构）申请相关海上设施的检验。但是，该条例第三十一条进一步补充规定：“海上设施中的海上石油天然气生产设施的检验，由国务院石油主管部门会同国务院交通主管部门另行规定。”即海上设施中的海上石油天然气生产设施的检验应当遵守国务院石油主管部门会同国务院交通主管部门制定的特殊规定。

因此，按照不同的海上设施监管的法律体系及所对应的主管机关，我国海上设施可分为两大类，即海洋石油类海上设施和非海洋石油类海上设施。海事局负责对所有海上设施交通安全的监管，而海油安监办专门负责海洋石油设施安全生产的监管。

（二）按照是否受海油安监办监管进行分类

根据前述的海上设施的安全监管法律体系，按照是否受海油安监办的安全生产监督管理进行分类，海上设施可以分为非海洋石油类海上设施和海洋石油类海上设施。

1. 非海洋石油类海上设施

非海洋石油类海上设施按照其主要特征和特性，又可以细分为海上浮动设施和海上固定设施。

（1）海上浮动设施

海上浮动设施根据其设置目的分为海上作业类浮动设施和海上服务类浮动设施。其中，海上作业类浮动设施主要包括海上浮动渔业养殖设施、海上浮动发电设施、海上浮动电力升压站设施和海上浮动观测通信设施等；海上服务类浮动设施主要包括海上浮动旅游休闲设施、海上浮动停车场设施和海上浮动补给保障设施等。

根据《海上浮动设施技术规则（征求意见稿）》，各类海上浮动设施的定义如下：

①海上浮动渔业养殖设施：是指直接从事海上渔业养殖的浮动设施（图 1-2）。

图 1-2　海上浮动渔业养殖设施

②海上浮动休闲旅游设施：是指用于海上休闲、旅游，以及提供相关服务的浮动设施。

③海上浮动发电设施：是指利用海上风能、海洋潮汐能、温差能、波浪能、潮流能以及光伏进行发电的海上浮动发电设施。图 1-3 所示为海上浮动太阳能发电设施。

图 1-3 海上浮动太阳能发电设施

④海上浮动电力升压站设施：是指用于海上电力升压的海上浮动设施。

⑤海上浮动停车场设施：是指用于海上停车的浮动设施。

⑥海上浮动观测通信设施：是指用于海上观测和通信的浮动设施。

⑦海上浮动补给保障设施：是指用于海上补给保障的浮动设施。

（2）海上固定设施

根据《海上固定设施技术规则（征求意见稿）》，通过对建设的目的进行分类汇总，海上固定设施又可分为以下几种设施。

①海上固定电力升压站设施，如图 1-4 所示。

图 1-4 海上固定电力升压站设施

②海上固定风力发电设施，如图 1-5 所示。

图 1-5　海上固定风力发电设施

③海上固定渔业养殖设施。

④海上固定旅游休闲设施。

⑤海上固定观测通信设施，如测风塔等。图 1-6 所示为海上固定测风塔。

图 1-6　海上固定测风塔

⑥海底管道系统（包括陆上管道的海底穿越段）等。

2. 海洋石油类海上设施

根据《海洋石油安全管理细则》，将涉及海上石油类的海上设施分为海洋石油作业设施、海洋石油生产设施和专业设备等。应当注意的是，海上石油作业设施（包括移动式平台和作业船舶等）尽管属于受海油安监办安全监督管理的海洋石油设施，但从海上通航安全角度出发，它们仍然属于船舶的范畴。

（1）海洋石油作业设施：是指用于海洋石油作业的海上移动式钻井船（平台）、物探船、铺管船、起重船、固井船、酸化压裂船等设施。

（2）海洋石油生产设施：是指以开采海洋石油为目的的海上固定平台、单点系泊、浮式生产储卸油装置（FPSO）、海底管线、海上输油码头、滩海陆岸、人工岛和陆岸终端等海上和陆岸结构物。图 1-7 和图 1-8 分别为海上浮式生产储卸油船(FPSO）和海上固定石油生产平台。

图 1-7 海上浮式生产储卸油船（FPSO）

图 1-8 海上固定石油生产平台

（3）专业设备：是指海洋石油开采过程中使用的危险性较大或者对安全生产有较大影响的设备，包括海上结构、采油设备、海上锅炉和压力容器、钻井和修井设备、起重和升降设备、火灾和可燃气体探测、报警及控制系统、安全阀、救生设备、消防器材、钢丝绳等系物及被系物、电气仪表等。

（三）按照海上设施的结构特点进行分类

按照结构特点，可以将海上设施分为以下几类。

（1）船式浮动设施：系指其结构型式为船型的海上浮动设施。

（2）柱稳式（半潜式）浮动设施：系指通过立柱或者浮筒将主甲板连接到水下壳体或柱靴上的海上浮动设施。

（3）多体式浮动设施：系指由多个单个浮体通过刚性或者柔性连接，且其上的人员可以通过通道安全到达任意一个单个浮体的海上浮动设施。

（4）框架式浮动设施：系指以框架为主体结构的海上浮动设施。

（5）其他型式海上浮动设施：系指具有其他结构特征的海上浮动设施，如圆筒型海上浮动设施、深吃水立柱型海上浮动设施、张力腿式海上浮动设施和海上单点系泊装置等。

（6）驳船式平台：系指无推进机械的、船型的水面式平台。

（7）导管架式固定平台：系指钢质导管架，通过打桩的方法固定于海底的平台。

（8）浮动式单点系泊装置：由 1 个浮体和浮体上的转台所组成的装置。该浮体由锚索固定于海底；而设置在浮体上的转台供船舶系缆用。

（9）海上人工岛：由钢筋混凝土组成的柱壳式结构，底部坐于海底并用群桩固定，其上部露出海面，可设置各种设备用于海上作业。如柱壳内部用于储藏石油，则称为海上储油人工岛。

（10）其他浮动式装置：具有其他结构特征的浮式装置，如深吃水浮筒平台和张力腿平台。

第二节　海上设施服务船舶

一、海上设施服务船舶种类

（一）海洋石油支持船（图 1-9）

海洋石油支持船（Offshore Support Vessels）是指用于海上油气勘探、开发、生产、储运和油田废弃各阶段期间从事作业支持的专用船舶的通称。即专门进行石油开采活动有关的供应、拖曳、锚作、守护、破冰、人员载运、提油支持、工程施工、遥控潜水器（ROV）支持和检测等作业的船舶。

海洋石油支持船是指执行与石油不直接相关、不在认可当局及沿海国规章制度范围的合同作业中的一项或多项服务功能的船舶。

图 1-9 海洋石油支持船

海洋石油支持船可以是一艘特别设计用于为海上设施迁移提供拖曳锚作支持、拖带装载有海洋石油平台和生产模块的驳船的拖曳锚作和近海供应船，也可为海上油田生产平台的守护救助船或破冰支持船，并通常装备有用于对外消防和浮油回收的设备。此外，具有拖曳锚作供应功能的海洋石油支持船除参与设置、拆除水上水下的海上设施以及铺设、撤除、检修水上水下电缆或管道的施工作业支持外，还可用于为浮式生产储卸油装置（FPSO）提供提油作业支持，以及为所有类型海上设施提供人员载运和常规供应服务，输送除甲板货物之外的散装液体和固体钻采物资。近年来，国内的专业救捞船采用了该船型的结构与布置特点。

1. 海洋石油支持船的功能

海洋石油支持船通常具有以下一种或多种功能，其取决于结构与设备配置：

（1）海上钻采物资包括散货（干、液散货）载运供应；

（2）守护作业（应急响应与救助）；

（3）拖曳功能，包括海上设施限位、连接支持作业；

（4）锚作（包括海上设施就位支持及工程施工支持等）功能；

（5）提油支持功能；

（6）海上人员转运功能；

（7）破冰支持功能（不需破冰船援助）；

（8）具备冰区航行功能（必要时需破冰船援助）；

（9）海上设施生产支持功能（酸化、压裂、固井或防砂支持）；

（10）对外消防灭火功能；

（11）海上设施拖曳锚作索具打捞或维修支持。

2. 海洋石油支持船设计特点

海洋石油支持船是以近海供应船的入级规范的技术要求为基础，并综合考虑附加功能对应的有关规范的技术要求，采用前倾式船艏、巡洋舰式船艉，即将起居处所及驾驶室设于艏部和具有可装载钻采物资的开敞式艉部甲板及可为海上设施迁移或相关工程作业进行锚作等作业操作的艉部甲板的船舶。液舱与干散罐几乎分布于主甲板域，船舶长度基本在 40～100 m，重载水线下线形合理，艉部干舷在各种操作状态下一般不小于 0.01 倍船舶总长度，具备守护船附加标志的近海供应船在主甲板的两舷侧中部附近设置守护营救区与营救攀登网等设备。

海洋石油支持船的操纵动力装置至少装备有双主推进器和双舵装置以及至少单个船艏侧推器，以满足对船舶特殊操纵性的要求，并确保在常规航行条件下，其双主推进器以及合理的电网设计布置能提供相应可靠的技术冗余，以降低部分动力设备出现的突发性运行故障导致船舶失控的潜在风险。

驾驶室位于船舶的艏部，通常驾驶室内设有可转换的前部和后部操纵及相关设备控制站，分别用于常规航行与不同的作业支持服务活动对船舶操纵与控制的功能需要，驾驶室的操控位置均可获得充裕的视线范围，在后控制站操控位置可获得对操作甲板所有区域无遮蔽的目视，其中，动力控制系统全部实现可由驾驶室直接遥控操作，推进器/推力器基本上为可调桨（CPP）控制方式。作业期间，驾驶室所有的船舶操控与通信系统均可实现船长独自操控的需要，部分船舶装配有中央主令控制系统，部分多功能大马力的海洋石油支持船还具备动力定位系统（DP2）功能；海洋石油支持船稳性情况在非深水（水深小于 500 m）条件下，基本可满足各种作业时的特殊稳性要求，特别是混合作业、复合作业时的稳性要求。

3. 海洋石油支持船结构特点

海洋石油支持船的结构特点包括以下方面：

（1）无限航区设计，为全焊接式钢质船，横骨架式或混合骨架式，具有一层连接主甲板、二层艏楼甲板等上层甲板，驾驶室位于艏楼上层甲板的上部，在主甲板下设有局部平台甲板和局部双层底。

（2）大多数采用双壳船型，即采用双层底及边舱舱室结构，边舱宽度一般为 760 mm，肋骨间距一般在 600 mm 左右，舷侧外板厚度规定不小于 9 mm。

（3）液舱数量多，但舱容体积较小，具备合理的分舱结构，便于调整船舶装载不同的散装液体物资，主要用于装载饮用水、钻井水/压载水、燃油、钻井盐水等物资，在主甲板上两侧布置有装卸这些散装液体的各种独立的管路系统输送接头。

（4）在主甲板下布置有用于装载散装固体粉状物资（水泥、土粉、重晶）或装载部分散装液体物资（钻井泥浆、盐水）的密闭罐体、输送设备与管路系统等设备，在主甲板上布置有装卸这些物资的各种独立的管路系统与专用输送接头。

（5）不具有直接从开敞的货物甲板进入机舱或货物甲板以下其他出入口。

（6）近海供应船接近艉部的甲板以及受集中荷载作用的作局部增厚的甲板强度至少可达 5 t/m^2，又由于采用横骨架式或混合骨架式结构，甲板载货区的高负荷可通过横梁直接传递给甲板下的支承纵舱壁。

（7）甲板货物装载区设有保护和固定甲板货物的围护设施，一般设置坚固的内栏杆、搁架或内舷墙，且固定于已作相应加强的船体结构上，这些围护设施与外舷墙之间提供了从船员住区通往主甲板后部的安全通道，船上备有合适的固定甲板货物的锁紧和绑扎设备及系固点与系固装置。

（8）水线以上的舷侧部分设置有护舷材，其厚度通常取舷侧外板的厚度，护舷材内设置有加强筋。

（9）具备拖曳锚作功能的海洋石油支持船装备有区别于普通拖船的拖曳锚作型的拖缆机与控制设备及短索滚筒等，具有锚作专用的强度加强的甲板滑道，装备有艉滚筒、制动设备（鲨鱼钳）、限位拖销、拖曳主地令、后地令设备以及锚作专用工具等，这些甲板机械及设备的安装布置在船体结构的设计及局部强度方面均必须考虑到其工作状态下的强度要求，尤其是艉滚筒、拖缆机底座等，一些大功率的船舶在拖缆机下部还设置存放平台锚链的锚链舱。

（10）对于超深水多功能大马力海洋石油支持船则装备有滑道式重载型作业机械臂以及 ROV 收放装置等设备，还装备有额外的全回转推力器并具备动力定位系统（DP2）功能。

（11）部分海洋石油支持船具备冰区加强结构或具备破冰船的船体结构与设备特点。

（12）部分海洋石油支持船具备对外消防功能，装备有消防水炮、泡沫舱系统及水幕喷淋自保系统。

（13）部分海洋石油支持船具备浮油回收功能，在主甲板下的船体内设置海面浮油回收舱，在主甲板上的甲板装载区指定位置可放置移动式海面浮油回收装置。

（14）救生消防等应急设备和器材的配置均完全满足法定规范要求。

海洋石油支持船的船体、拖缆机和推进装置的能力如同进入深水的钻井和生产活动一样保持递增态势。为在超过 2000 m 的水深条件下提供安全和有效的起抛锚作业，必须更改船舶的一些设计。由于海底技术改进并变得更为经济，一些海洋石油支持船也将被考虑作为平台用于海底结构安装、修理和维护等作业，包括调整井作业。

（二）海上风电安装船（图 1-10）

在海上无论是风机还是基础的安装都需要有相应能力的运输工具将其运送到风电场址，并配备适合各种安装方法的起重设备和定位设备。

图 1-10　海上风电安装船

海上风机安装基本都是由自升式起重平台和浮式起重船两类船舶完成的，船舶可以具备自航能力也可以是非自航。单独或联合采用何种方式安装取决于水深、起重能力和船舶的可用性。其中联合安装比较典型的方式是由平甲板驳船装载风机部件或者单基桩拖到现场，再由自升式平台或起重船从平板驳船上吊起部件完成安装或打桩。早期的安装船都是借用或由其他海洋工程船舶改造的，但随着风机的大型化，小型船舶无法满足起重高度和起重能力的要求。近年来欧洲多家海洋工程公司相继建造和改造了多条专门用于海上风机安装的工程船舶。安装船舶的大型化也是一个趋势，专门的风电安装船一次最多可以装载 10 台风机。以下按照船型和适用的工作海域将海上风电安装船作分类比较。

1. 海上风电安装船的种类

（1）起重船

起重船通常具备自航能力，船上配备起重机，可以运输和安装风电设施。起重船除在过浅区域需考虑吃水外其余区域不受水深限制，且多为自航，在不同风机位置间的转移速度快，操纵性好，使用费率很低，船源充足，不存在船期安排问题。但起重船极其依赖天气和波浪条件，对控制工期非常不利，现已较少使用。但在深海（深度大于 35 m）条件下由于无法使用自升式平台/船舶进行安装，故仍须使用起重船。与近海小型起重船相比，双体船船型具有稳性好、运载量大、承受风浪能力强的优点，也开始应用在海上风机安装中，运载整体风机的就是 Beatrice 海上风电场使用的 Rambiz 号双体驳船。在荷兰 Egmond aan Zee 海上风电场的建设中，主要由应用于海上桥梁架设的双体起重船 Svanen 完成了单基桩的打桩工作。该船尺度为 102.75 m×71.8 m×6 m，起重高度高于甲板 76 m，起重能力为 8700 t。

（2）自升式起重平台

自升式起重平台配备了起重吊机和 4～8 个桩腿，在到达现场之后桩腿插入海底支撑并固定驳船，通过液压升降装置可以调整驳船完全或部分露出水面，形成不受波浪影响的稳定平台。在平台上起重吊机完成对风机的吊装。驳船的面积决定一次性可以运输的设备的数量，自升平台没有自航设备，甲板宽大而开阔、易于装载风机。对于单桩式基础的安装，只需在平台上配备打桩机即可。由于不具备自航能力，自升平台需由拖船拖行，导致其在现场不同风机点之间转场时间较长，操纵不便，且需要平静的海况。自升式起重平台是海上风电安装的主力。A2SEA 公司的 Sea Jack 号则是一艘专门为海上风机安装而建造的自升式起重平台。船舶尺度为 91.2 m×33 m×7 m，有 4 个桩腿分别位于四角，全回转起重机位于中央靠近右舷处，工作水深 3.8～25 m，最大的起重能力在 18 m 半径时为 1300 t，在 32 m 半径时为 500 t。

（3）自航自升式风机安装船

随着风机的不断大型化以及离岸化，起重能力和起重高度的限制以及海况的复杂化使得传统的起重安装船舶无法满足需求。在这种情况下，出现了兼具自升式平台和浮式船舶的优点，专门为风机安装而设计与建造的自航自升式安装船。与之前的安装船相比，自航自升式安装船具备了一定的航速和操纵性，可以一次性运载更多的风机，减少了对本地港口的依赖。船舶配备专门用于风机安装的大型吊车和打桩设备，具有可以提供稳定工作平台的自升装置，可以在相对恶劣的天气海况下工作，且安装速度较快。英国 MPI 公司的五月花号（Mayflower Resolution）是世界上第一艘专门为海上风力发电机的安装而建造的特种船舶。船舶尺度为 130.5 m×38 m×8 m，可以一次性运载 10 台 3.5 MW 的风机，允许的风机塔架最大高度和叶片最大直径均为 100 m，航速为 10.5 kn①，配备艏侧推动力定位装置，有 6 个桩腿，可在 3～35 m 水深作业，作业时船体提升高于水面一定高度，其最高起吊高度为 85 m，最大起重能力在 25.5 m 半径时为 300 t，在 78 m 半径时为 50 t。在英国 North Hoyle，Kenith Flats 等诸多风电场五月花号船舶均实施了安装作业。

（4）桩腿固定型风车安装船

桩腿固定型风车安装船是自航自升式风车安装船与起重船之间的一种折中方案。其通常由常规船舶改建而成，尺度小于专门建造的安装船，桩腿为改建中安装。在作业工程中船体依然依靠自身浮力漂浮在水中，桩腿只起到稳定船体的作

① kn：节。1 kn=1 海里/时≈1.852 km/h。下同。

用。A2SEA公司运营的Sea Energy、Sea Power号均是由集装箱货船为风车安装专门改建。Sea Energy号船舶尺度为91.76 m×21.6 m×4.25 m（吃水），航速为8.5 kn，最大作业水深为27 m，最大起重高度为83 m，起重能力在22 m半径时为100 t。

（5）离岸动力定位及半潜式安装船

主要用于海上石油开发。动力定位安装船可以在除浅水区域外的任何水深条件下作业，安装效率高，但易受天气因素制约。半潜式动力定位安装船在理论上是性能最优的，但其建造和使用成本过高，尚未在风机安装中采用。

2. 各种海上风电安装船特点对比（表1-1）

表1-1　各种海上风电安装船特点对比表

船舶类型	适用海域	安装效率	使用成本	今后发展趋势
一般小型起重船	靠近海岸的遮蔽水域	低。极受天气和波浪条件影响，导致误工	低。市场上数量庞大，随时可以使用	趋于淘汰
离岸大型双体起重船	深海区域。受天气影响较大	高。安装速度快	低。可用于桥梁安装等其他海洋工程	深海安装的最佳解决方案
自升式起重平台	遮蔽水域或浅海区域	一般。受天气影响，且安装速度慢	较低。市场上可供数量有限。可以在风电场规划期内完成建造	在遮蔽水域及近岸海域为首选，但无法满足大型风机所需的起重能力
自航自升式风机安装船	浅海及近海	快。受天气和波浪影响小。可以一次性运载多台风机	中偏高。设计建造周期较长，达2～3年	随着风机大中型化，为近海大型风机安装的首选
桩腿固定型风车安装船	浅海及近海	较快。性能比专用安装船略差	中。可以改装的候选船舶较多	近海中小型风机安装首选
离岸动力定位及半潜式安装船	深海区域	快。受天气因素影响小	最高。主要用于油气开发	暂时较难在海上风电安装中发挥作用

（三）海上交通船（图1-11）

交通船（Traffic boat）：为港区内船舶或海上设施作业运送工作人员的专用船舶。

国内常见的风电运维船主要有三类，分别是第一代单体运维船、第二代双体运维船和第三代双体运维船，各有其特点。单体船的优点是结构较简单，吃水较少，建造工期短，建造成本低。而缺点则是耐波性差，如果航行在距岸远或海况复杂的海域，船上人员容易晕船；且各舱室空间有限，系统布置较紧凑，可利用储物空间很少；同时单体船型宽较小、甲板敞开面积小、运载能力低。运维船的材质主要有钢、玻璃钢。

图 1-11 海上交通船

二、船舶靠泊海上设施作业要求及规范

1. 船舶靠泊海上设施作业安全评价

（1）拟靠泊海上设施的船舶，在驶入安全区内部之前，船长应考虑船舶靠泊海上设施作业规范中各种要求的应用，应对船舶在安全区内的航行以及拟采用的靠泊方式下的靠泊作业进行风险评估或工作安全分析，并确定船舶在该靠泊方式下的许可靠泊作业期限。

（2）在安全区内船舶拟进行靠泊位置转移时，风险评估或工作安全分析可在原靠泊位置进行，如原靠泊位置是海上设施的上风（流）一侧，应在离开原靠泊位置后距海上设施不少于 50 m 的安全距离处进行。

（3）风险评估或工作安全分析应重点关注可能造成的人身伤害、船位失控、散装货物输送软管破断、推进器/推力器缠绞缆绳或异物、失去动力及失控漂移、碰撞、触损海上设施、货物位移等危险、危害因素，并应采取可消除、控制或防护这些危险、危害因素的适用措施。可通过对作业现场可能存在的或潜在的与能量有关的动能、化学能、辐射能、电能、势能、热/冷源、生物能、压力因素进行危险、危害的识别，也可使用其他适用的方法进行危险、危害因素的识别。

（4）风险评估或工作安全分析应考虑所有相关的影响因素与要求，按不利天气作业准则进行，尤其应对计划内的预计靠泊作业期间的天气、潮汐和海况等自然环境条件的适当性进行评价，并对船舶在安全区内的航法，以及对拟采用的靠泊方式及设定艏向下在计划靠泊作业期间内的船位保持能力和现场作业环境状况进行分析。

（5）船舶在安全区内的航法分析应对船舶驶入、驶出安全区及在安全区内的任一设定航线的合理性，以及在规定速度、艏向可变范围及最小安全距离要求的条件下船舶沿该设定航线航行或操纵的能力进行分析。船舶保持沿设定航线航行或操纵的能力应考虑船舶操纵中与海上设施间的相对速度、艏向及横距三要素的关系及相互影响情况。

（6）船位保持能力可由船长根据其专业判断，或通过估算，或适用时通过船舶特殊操纵性能图进行分析。船位保持能力的分析应包括对船舶拟采用的靠泊方式及设定艏向在计划内的预计靠泊作业期间将出现的最大环境荷载与许可临界环境荷载的估算及对比，并确定船舶是否具备可在海上设施的靠泊处稳定地保持设定艏向和对地位置或与海上设施相对位置的能力。

（7）现场作业环境状况的分析应考虑自然环境条件对船舶甲板货物、甲板作业人员及作业效率的影响，并考虑甲板货物堆装、系固及甲板作业场地大小与安全通道等情况，判断是否能安全地靠泊作业及进行货物与人员转运等相关作业活动。现场作业环境状况的分析可由船长通过观察及判断进行，在决定现场作业环境状况时，应与不利天气作业准则的作业限制进行对比。

（8）船长对拟定靠泊方式下的许可靠泊作业期限的确定，应同时考虑不利天气作业准则的限制及要求，以及船位保持能力和现场作业环境状况的分析结果。如自然环境条件处于不利天气作业准则规定的许可作业条件范围，但分析结果表明在计划内的预计靠泊作业期间，船舶在拟采用的靠泊方式及设定艏向下的最大环境荷载将达到或超过许可临界环境荷载，或现场作业环境状况不能安全地靠泊作业及进行货物与人员转运等相关作业活动时，应确定这些情况存在的开始时间及终止时间，估算出拟设定艏向下的许可靠泊作业期限。

（9）靠泊期间，应考虑为改善船舶操纵性能、减小船体有害振动、满足稳性衡准、降低摇摆幅度，采取调载或排注压载水或调整船舶操纵方案、改变靠泊方式的必要性。

（10）船长在经风险评估或工作安全分析与验证后，对重新调整后的靠泊方案进行风险评估或安全工作分析后，如认为在当时环境和条件下不具备船位保持能力或不能安全地实施货物和人员的转移，或认为当时的自然环境条件尚不满足不利天气作业准则规定的许可作业条件，则应在跟海上设施管理人协商后停止靠泊作业活动，直至现场环境和条件改变。

2. 船舶靠泊海上设施作业方案要求

（1）靠泊作业方案应根据对靠泊作业的风险评估或工作安全分析的结果，以及所确定的许可靠泊作业期限来确定。靠泊作业方案可采用适当有效的非文件化的书面方式确定。

（2）靠泊作业方案应包括船舶进入安全区前的动员准备、船舶在安全区内的航法、靠泊前的船位保持能力验证方法、接近泊位的操纵要点、靠泊期间的船舶操纵和作业实施、安全保障措施、应急情况及准备、船舶离开海上设施的操纵要点等整个操作过程。

3. 船舶靠泊海上设施作业准备

（1）船舶抵达距计划航线的终点航路点 2 n mile① 之内（各种作业船舶根据船舶实际特点或各公司要求确定距离），驾驶台值班人员应通知船长上驾驶台，并将船舶操纵系统转换至手动控制状态。

（2）船舶接到与靠泊海上设施有关的作业指令时，船长应在船舶进入海上设施安全区前，召集船员就位，并按照靠泊作业方案的所有相关要求对作业进行风险评估或工作安全分析，确定靠泊方案。

（3）船舶与海上设施建立联系，约定通信频道与联络方法，统一起重作业信号，保持驾驶台与甲板以及海上设施相关场所之间有效沟通，并保持 GMDSS（Global Maritime Distress and Safety System，全球海上遇险与安全系统）所要求的通信值守，及时接收有关的海上安全信息。

（4）船舶进入海上设施安全区前，船长应将靠泊及作业的操作方案向有关船员交底布置，对操作船员做出适当和有效的安排，组织船员落实相关措施和要求，按“船舶和海上设施作业核查表”进行核查，并进行有关设备的核查试验及动员准备工作。

（5）靠泊动力支持式的海上设施之前，如 FPSO、推力器运行中的移动式作业装置，船长应确定推进器使用单元。

（6）在靠泊操纵时，海上设施的运动存在重大的危险。如船舶执行靠泊 FPSO 任务，在船舶进入 FPSO 的安全区之前，船长还应按“FPSO 专用核查表”进行复查。

（7）船舶进入海上设施安全区前，船长应通过无线电话向海上设施管理人提出船舶进入安全区的口头申请，并就风险评估或安全工作分析情况、计划内的作业、并发的作业（例如直升机飞行）和其他相关的事项（例如“FPSO 专用核查表”）与海上设施有关人员进行充分的讨论与沟通。

（8）船舶获得海上设施管理人员进入海上设施安全区的许可后，在进入安全区，进行试靠泊验证以及接近海上设施期间，应由船长亲自指挥操作，并按制定的靠泊及作业操作方案组织实施操作。

---

① n mile 为海里，1 n mile≈1852 m。

4. 船舶靠泊海上设施操纵的原则

(1) 船舶在航行及作业期间，应严格按《1972 年国际海上避碰规则》的要求保持正规瞭望，使用安全航速，谨慎驾驶，并运用良好船艺避免碰撞。

(2) 船舶进入海上设施安全区执行靠泊等作业任务，除本章要求外，船长应遵循作业组织管理与安全保障的所有相关要求，其在海上设施安全区内的航法和航线应考虑并满足相关的规定要求，按预先确定的经风险评估或安全工作分析的靠泊作业计划驶往相应的试靠泊点或抛锚点、作业点进行相关操作。

(3) 船舶在进入海上设施安全区及接近海上设施期间应有两个人在驾驶室。

(4) 海上设施周围的表层流速和流向可能改变，与当地预报的潮流表资料不一致，船舶还应注意在海上设施的靠泊面或靠泊一侧的不同位置，因其结构上的差异而出现的环境荷载改变的情况，如 FPSO 艉部附近的水流可能会与 FPSO 舯部附近的水流有明显的差异。船长必须熟悉当地的情况。

(5) 船舶在海上设施安全区内航行操纵时，航速控制在规定的范围内，在保证舵效的前提下，接近泊位速度应尽可能降低。接近泊位速度应根据船舶载况、停车淌航冲程，结合环境荷载，以及船舶倒车和进车能力决定。在抵泊前应适时、有效地控制船舶余速和运动状态。

(6) 船舶在海上设施安全区内进行靠泊位置转移时，应保持安全的距离，在规定的评估点处评估后，必须完全地绕过海上设施，通常应从海上设施的下风(流) 一侧绕过驶往新计划的试靠泊点处。在试靠泊点处船长应进行 10～15 min 的船位保持能力与现场作业环境状况的验证。当船长对验证结果感到满意时，应操纵船舶按预定航法接近海上设施的新靠泊位置。

(7) 船舶在接近海上设施期间，与海上设施之间的通信联络应尽可能减少。在海上设施处进行货物作业和人员转运期间，负责值班的船舶高级船员、货物装卸人员、吊车驾驶员和海上设施上的甲板领班之间应保持有效的沟通联络。

(8) 船舶靠泊海上设施前，如因能见度不良，实施靠泊作业有困难时，应等待可安全作业的有利时机出现后再进行靠泊；在靠泊海上设施期间，如因能见度不良，并影响靠泊作业及相关操作的安全时，应与海上设施管理人商定停止靠泊作业的相关事宜，谨慎操作。

第二章

海上设施避碰基本知识

第一节 《1972 年国际海上避碰规则》的内容

一、《1972 年国际海上避碰规则》(简称《避碰规则》) 简介

《避碰规则》是防止船舶碰撞事故、保障海上交通安全的重要海事法规。1980 年 1 月 7 日，我国政府正式加入“1972 年国际海上避碰规则公约组织”，接受该规则，并宣布同年 4 月 5 日零时实施该规则，但对非机动船舶仍作了相应保留。从 1980 年开始，我国作为“1972 年国际海上避碰规则公约组织”的缔约国，参加了《避碰规则》的 1981 年、1987 年、1989 年、1993 年、2001 年、2007 年、2013 年七次《避碰规则》修订大会，并与该组织成员国同步实施该规则的各项修正案。《避碰规则》对增进我国海船的航行安全、我国通航水域的船舶交通安全以及防止因碰撞事故对我国海洋环境造成污染都发挥了重要作用。

《避碰规则》共有五章（38 条）和四个附录。

第一章　总则（Rule 1—3）

第二章　驾驶和航行规则

　　第一节　船舶在任何能见度情况下的行动规则（Rule 4—10）

　　第二节　船舶在互见中的行动规则（Rule 11—18）

　　第三节　船舶在能见度不良时的行动规则（Rule 19）

第三章　号灯和号型（Rule 20—31）

第四章　声响和灯光信号（Rule 32—37）

第五章　豁免（Rule 38）

附录一　号灯和号型的位置和技术细节

附录二　在相互邻近处捕鱼的渔船额外信号

附录三　声号器具的技术细节

附录四　遇险信号

二、规则适用的水域和船舶

《避碰规则》第一条第 1 款规定：本规则条款适用于在公海和连接于公海而可供海船航行的一切水域中的一切船舶。

1. 适用水域的确定

《避碰规则》的适用水域是指“公海（High seas）和连接于公海并可供海船航行的一切水域”。

按照传统观念，“公海”是指各国领海以外的海域。自 1982 年《联合国海洋法公约》颁布生效以来，这一传统的观念发生了变化。就《联合国海洋法公约》规定而言，所谓的“公海”是指各国领海或专属经济区以外不受任何国家主权的管辖或支配的海域。凡属于该海域中的任何一部分水域，均为《避碰规则》的适用水域。

所谓“连接于公海而可供海船航行的一切水域”，通常是指专属经济区、领海、内海以及与领海、内海相连接并可供海船航行的港口、江河、湖泊等一切内陆水域。

虽然对《避碰规则》的适用水域作出这一种解释，但并不意味着《避碰规则》即可取代《内陆水域规则》，除非在这些水域中不具备主管机关制定的特殊规则或地方规章。

2. 适用船舶的确定

《避碰规则》的适用船舶是指在《避碰规则》适用水域中的一切船舶。

特别应指出的是，军用舰船与政府公务船同样也属于本规则中所指的“船舶”范畴，是《避碰规则》的适用对象。不管战时还是平时，也不论是否正在执行公务，这些船舶均应严格遵守《避碰规则》的各条规定。倘若这些船舶未能这样去做，则他们必须就这一行为所产生的后果承担相应的法律责任。总之，任何种类的船舶，当其在《避碰规则》适用的水域中航行、锚泊、系岸、搁浅时，均为《避碰规则》的适用对象，即使是内河船舶亦不例外。这些船舶均应全面地遵守与执行《避碰规则》的各条规定。

另外，我国的非机动船（接受公约时作了保留）、空中的水上飞机、水面以下的潜水艇以及在陆上船厂中修理的船舶不适用本规则。

第二节　避免碰撞的戒备和行动

一、保持正规瞭望

《避碰规则》第五条规定：每一船舶在任何时候都应使用视觉、听觉以及适合当时环境和情况下一切有效的手段保持正规的瞭望，以便对局面和碰撞危险作出充分的估计。

（一）瞭望的重要性

“瞭望”（look out）适用于任何时候，通常意指“对船舶所处水域的一切情况进行观察，并对所发生的一切情况作出充分的估计与分析”。从某种意义上讲，对事物的估计与判断的重要性远远高于对事物进行观察本身所具有的一般意义。不能简单地把“瞭望”一词仅理解为一种单纯的观察，而忽视其内在的实质意义，瞭望人员在履行职责时应集中精力，不但要遵守《避碰规则》第五条“瞭望”的规定，同时还要熟悉 STCW 78/95 公约（即《经 1995 年修正的 1978 年海员培训、发证和值班标准国际公约》）中的具体要求，并严格遵守。

（二）瞭望的目的

瞭望的目的可归纳为一句话，即对当时的局面和碰撞危险作出充分的估计。

1. 对当时的局面作出充分的估计

通常包括以下各项：

（1）通过系统的观察，对当时船舶所处水域的环境及其情况予以全面的分析，尤其应注意对船舶或海上设施安全构成威胁的各种不利因素和条件予以高度的重视，并保持应有的戒备。

（2）运用一切有效的手段，尤其是雷达的使用，对当时的能见距离作出充分的估计，并对当时的能见距离将可能妨碍正规的视觉瞭望，予以充分的注意。

（3）根据所获得的各种资料，对该海区的船舶通航密度、航线的分布、各种类型船舶的特点、航行的习惯、当地船员的传统做法予以周密的分析，从而确定自身避让的一般原则。

（4）充分注意到海上设施的特点及其条件的限制，经常核查雷达、VHF（甚高频无线电话）、AIS（船舶自动识别系统）等仪器是否处于正常的工作状况，并充分注意到上述各种仪器使用中存在的误差及其对瞭望中所获得的资料准确度的影响。

2. 对当时的碰撞危险作出充分的估计

通常包括以下各项：

（1）根据来船的号灯、号型或声响信号判明来船的种类及其动态，同时还应注意是否会与自身构成碰撞危险。

（2）根据来船的罗经方位的变化与否以及雷达观测与标绘所获得的资料，判明海上设施与来船的碰撞可能性以及会遇时的最小会遇距离（DCPA）与时间（TCPA）。

（3）根据 VHF 与岸台雷达站（或 VTS 机构）或与来船的通话，获得来船的运动要素、海上设施与船舶间的相互位置、未来会遇的时间和地点以及最小的会遇距离。

(4) 根据来船的方位、距离及其方位变化率，判断海上设施与船舶间的会遇情况以及碰撞的可能性。

(5) 根据观测来船号灯（桅灯）的水平张角、舷灯的颜色（红、绿）、罗经方位诸要素的变化情况，判断来船的动向以及可能采取的避让措施。

(6) 根据来船鸣放的操纵和警告信号，分析与估计来船的当时处境、避让意图等。

（三）瞭望人员的资格

为保持正规的瞭望，并能确切地履行《避碰规则》及 STCW 公约的规定及其要求，瞭望人员至少应具备下述两方面的素质：

(1) 健康的身体素质，尤其是应能适应“视觉及听觉瞭望”的基本要求；

(2) 合格的业务素质，即具有一定的海上专业知识，掌握一定的航海技能，并能运用所掌握的知识分析与判断所观察到的一切事物。

为能获得最佳的瞭望效果，恰当地指定瞭望人员的观察位置是一个很重要的因素。通常情况下，除天气条件不允许之外，瞭望人员一般都应配置在视野开阔的高处。

（四）瞭望的手段

1. 视觉瞭望

视觉瞭望是瞭望人员保持正规瞭望的最基本、最主要的常规手段。在任何能见度下，放弃视觉的瞭望，将是一种严重违反《避碰规则》的行为。即使装置有现代化助航设备的船舶或海上设施，视觉瞭望仍是一种最主要的手段。在能见度良好的条件下，视觉瞭望较雷达或其他手段显得更为优越；其最大优点就在于简易、方便、直观，并能迅速地获得准确的信息，而且不受多方面因素的约束。

2. 听觉瞭望

听觉瞭望作为瞭望的一种基本手段，虽然较视觉瞭望所及范围小，然而，在能见度不良的情况下，尤其是在浓雾之中，其独特的优越性将明显地高于视觉瞭望。它可以在视觉所无法察觉的情况下，首先获得他船鸣放的雾号，从而判断他船的大概方位及其动态与种类。听觉瞭望也绝不会因雷达的安装、VHF 的使用而被淘汰。

3. 其他瞭望

除视觉、听觉这两种瞭望手段之外，《避碰规则》还要求使用适合当时环境和情况下的一切有效手段以保持正规的瞭望。所谓“一切有效的手段”（All available means）通常是指雷达、VHF（甚高频无线电话）、AIS 系统（船舶自动识别系统）、船舶与 VTS 中心的通信联系等现代化的瞭望手段。

(1) 利用 VHF 协助瞭望

VHF 作为一种有效的瞭望手段，已越来越广泛地被接受。由于 VHF 能在较远的距离上沟通船舶之间或船舶与海上设施之间的联系，并能迅速地获悉物标的所有信息，同时能就如何避让达成一致的协议。因而，VHF不但是一种行之有效的瞭望手段，同时也是海上协调避让的一种重要方法。随着海上交通管理现代化的发展与进一步完善，VHF功能也在进一步扩大。通过VHF的通信联系，在必要时能迅速地与岸基VTS（船舶交通服务系统）相互沟通，以获得VTS机构的协助，从而更有效地保证海上安全。船岸联系的方式，无疑是船舶保持正规瞭望的又一新型的有效手段。对此，应予以高度的重视并充分地使用。但值得指出的是，由于语言的障碍，以及一部分船长、驾驶员和值班人员不能在VHF上准确地表达本船的意向，因而，也造成了一些由于使用VHF不当而酿成的碰撞事故。也有的船长与驾驶员、引航员在会船期间，一味追求双方在VHF上的沟通，疏于对外界及来船的观察，也造成了一些不应发生的碰撞事故。甚至有的驾驶员和值班人员还把VHF作为聊天的工具，置船舶安全于不顾，以致造成船舶碰撞。但不管怎样，VHF仍然不失为一种优异的瞭望手段，尤其适用于能见度不良以及航行条件复杂的情况。

（2）利用雷达协助瞭望

雷达，作为现代化船舶的必备装置，已被广泛地使用于导航与避让。雷达是在能见度不良水域的重要瞭望手段，也是在能见度良好时的重要辅助瞭望手段，已成为一种不可缺少的航海设备。其最大优点就在于能获得整个海区的所有船舶通航及分布的情况，尤其是能获得碰撞危险的早期警报。通过标绘或系统观察，还能正确地获悉相遇船舶的运动要素及其会遇情况。但在使用雷达进行瞭望时，应充分注意到雷达所存在的局限性以及条件的限制。

①雷达瞭望的主要内容包括：

a. 通过观测雷达回波，及早发现附近的来船或物标。

b. 对探测到的来船或物标进行雷达标绘，获取来船的航速、航向、最近会遇距离（DCPA）、到达最近会遇点的时间（TCPA）等信息，据此来判断是否存在碰撞危险。

c. 利用ARPA（自动雷达标绘仪）获取来船的航速、航向、DCPA、TCPA等信息，它主要是通过自动录取或手动录取的方式，对探测到的雷达回波进行跟踪，自动搜集、分析和显示目标的有关数据，完成雷达标绘，并据此来判断是否存在碰撞危险。

②正确使用雷达的方法为：

a. 把所有的按钮调整到最佳状态；

b. 选择合适的雷达距离标尺和显示方式；

c. 利用雷达观测的物标距离估计当时的能见度；

d. 远距离扫描并进行雷达标绘或与其相当的系统观察。

③与雷达标绘相当的系统观察包括：

a. 对 ARPA 雷达保持不间断的观察；

b. 利用雷达的机械方位盘的平行线对回波进行系统的连续观测；

c. 利用雷达的电子方位线及活动距标圈对回波进行系统的连续观测；

d. 利用雷达观测的物标方位距离变化估计 DCPA（两次以上）；

e. 利用雷达获得碰撞危险的早期警报。

（3）利用 AIS 协助瞭望

AIS（船舶自动识别系统）的主要功能是能够自动向有相应装置的海岸电台（有时简称岸台）、其他船舶和航空器提供包括船名、位置、航向、航速、航行状态等相关信息，且不受气象和海况的干扰。AIS 精确可靠的目标船位置显示和动态跟踪，弥补了雷达盲区和海浪干扰的缺陷。因此，AIS 的配备，为船舶航行和海上设施安全及航行管理提供了新的有效手段，在瞭望中应当充分加以利用。

AIS 系统在避碰中的应用主要包括：

①利用 AIS 系统接收的数据和信息来自他船的自身传感器，数据准确实时，并且克服了雷达探测的一些局限性。可以根据这些数据和信息判断是否构成碰撞危险。

②AIS 系统具有短信息通信功能，装有 AIS 系统的船舶或海上设施能够利用全球唯一的识别码（MMSI）、他船的船名及呼号准确呼叫对方船舶，并以短文本定向的方式进行信息交互。一旦判明海上设施与船舶间存在潜在的碰撞危险，就能进行准确的避碰操纵沟通和确认，从而使来船采取适当有效的避碰行动。

③利用 AIS 系统核查避碰行动的有效性，传统的避碰行动有效性核查主要依靠观察来船的罗经方位变化或者雷达观察，因此，核查避碰行动的有效性需要一定的时间。但 AIS 系统能够实时地提供他船的位置、航向、航速、转向率、速度变化值等信息，利用这些信息可以很快地核查避碰行动的有效性。

总之，视觉、听觉、雷达、望远镜以及 VHF、AIS 系统等，无疑都是保持正规瞭望的有效手段，能否最大程度发挥这些手段的优越性，将取决于瞭望人员的经验和专业技能，取决于是否能根据当时的环境及其情况，根据上述各种手段所具有的不同特点予以合理使用，并将它们有机地结合起来，从而形成一个科学的、有效的保持正规瞭望的立体系统。

二、判断碰撞危险

《避碰规则》第七条规定：

1. 每一船舶应用适合当时环境和情况的一切有效手段断定是否存在碰撞危险，如有任何怀疑，应认为存在这种危险。

2. 如装有雷达设备并可使用，则应正确予以使用，包括远距离扫描，以便获得碰撞危险的早期警报，并对探测到的物标进行雷达标绘或与其相当的系统观察。

3. 不应当根据不充分的资料，特别是不充分的雷达观测资料作出推断。

4. 在断定是否存在碰撞危险时，考虑的因素中应包括下列各点：

(1) 如果来船的罗经方位没有明显的变化，则应认为存在这种危险；

(2) 即使有明显的方位变化，有时也可能存在这种危险，特别是在驶近一艘很大的船或拖带船组时，或是在近距离驶近他船时。

(一) 碰撞危险的定义

尽管"碰撞危险"(Risk of collision) 一词在该规则中多次被加以引用，并对规则若干条款的适用具有举足轻重的影响，然而该规则并未给该词以明确的定义。可以认为，"碰撞危险"指存在碰撞的风险或可能，这一术语本身具有较大的弹性，在不同的环境中，在不同的条件下，对于不同的船舶或不同的船员就可能对当时是否存在碰撞危险具有不同的理解。尽管碰撞危险的确定与众多因素有关，然而，最根本的因素莫过于两船会遇时的 DCPA 与 TCPA。DCPA 是衡量两船是否将导致碰撞的唯一标准，当 DCPA 小于安全会遇距离，就认为两船间存在着碰撞危险。就 TCPA 而言，不难发现，TCPA 越大，则表明危险的程度越小；TCPA 越小，则表明危险的程度越大。

(二) 判断碰撞危险的方法

《避碰规则》第七条第 1 款指出："每一船舶应用适合当时环境和情况的一切有效手段断定是否存在碰撞危险，如有任何怀疑，应认为存在这种危险。"显而易见，《避碰规则》对每一船舶在断定碰撞危险之时首先提出的要求就是应考虑当时的环境及其情况，其次才是根据当时的环境及情况来确定相应的有效手段。

1. 罗经方位判断法

"罗经方位"是指罗经观测方位（与真方位的差别是未校正罗经差），可以是磁罗经方位 CB 或陀螺罗经方位 GB。罗经方位判断法是利用罗经观测来船的方位，是海上判断是否存在碰撞危险的一种常用、有效的方法，尤其适用于互见。其最大的特点是简单、方便、迅速、直观，并且不受罗经误差与船首偏荡的影响，缺点是无法测定来船的距离。采用该判断法时，应考虑下列各因素：

(1) 如果来船的罗经方位没有明显的变化，则应认为存在碰撞危险。

(2) 即使有明显的方位变化，有时也可能存在碰撞危险。这通常是指以下几种情况：

①来船正在作航向或航速的一连串小变动；

②一艘很大的船舶或拖带船组驶近时；

③来船近距离驶近时；

④来船的航向不稳定。

总之，罗经方位判断法是断定碰撞危险的一种行之有效的方法，若能与雷达观测有机地结合起来，则将使该判断法进一步趋于完善。

2. 舷角（或相对方位）判断法

舷角（或相对方位）判断法也是海上比较常用的一种方法。就原理而论，该判断法与罗经方位判断法并无区别。其特点也是简单、方便、迅速、直观。

3. 桅灯水平张角判断法

通过观察来船两盏桅灯的水平张角（或称为“开门”“关门”）变化情况来判断是否存在碰撞危险，也是海上一种常用的方法；尤其是具有丰富的海上航行经验的老船员对此颇感兴趣，也很有研究。该判断法同样具备罗经方位判断法、舷角判断法的一般特点，从效果上看，甚至比上述两种判断法更为直观。

4. 雷达标绘判断法

雷达标绘判断法也是海员们判断碰撞危险的一种常用、有效的方法。其最大的优点在于能准确地获得来船的运动要素。即来船与海上设施间的 DCPA 和 TCPA。该方法不仅适用于互见中，更适用于在能见度不良的情况下。如果说罗经方位判断法是互见中判断碰撞危险的一种最有效的手段，则雷达标绘判断法就是船舶在能见度不良的情况下判断碰撞危险的一种最有效的手段。

（三）判断碰撞危险的原则

（1）如有怀疑，应认为存在碰撞危险。

（2）不应当根据不充分的资料，特别是不充分的雷达观测资料作出推断。

三、采取避免碰撞的行动（《避碰规则》第八条）

《避碰规则》第八条旨在阐明《避碰规则》对避碰行动的总的要求，以及应遵循的一般原则。考虑到海上避让的复杂性，《避碰规则》在本条中也只能采用定性的规定，而无法提供一个具体的要求。从广义上讲，本条适用于任何的能见度。

（一）避让行动的有效性

“避让行动的有效性”通常是指避让行动的客观效果能否符合本规则的要求以及能否达到预定之目的，其衡量的依据是：

（1）是否为本规则准许或要求采取行动；

（2）能否被他船或海上设施观察时容易地察觉到；

（3）能否导致在安全的距离上驶过。

（二）查核避让行动有效性的方法及其要求

查核避让行动有效性的方法通常包括但不限于以下几点：

（1）根据海上设施与船舶所处的水域、当时的能见度情况、海上设施与船舶所构成的会遇格局以及所适用的有关《避碰规则》的条文，首先查核一下来船所采取的行动是否符合《避碰规则》的规定；

(2) 采用适合当时环境及其情况下的一切有效手段，查核避让行动的客观效果能否达到预定避让之目的，尤其是应采用“罗经方位判断法”“雷达标绘判断法”以及“距离、方位变化率表”来检测来船方位的变化情况以及 DCPA；

(3) 应仔细、认真地观察来船的动态，尤其应注意来船可能采取的任何不协调行动；

(4) 尽一切可能在 VHF 上与来船沟通联系，以保证来船行动的有效性；

(5) 必要时，也可申请海岸雷达站或 VTS 系统给予协助，以查明避让行动的有效性及仍然可能存在的潜在危险；

(6) 查核避让行动的有效性应始终贯穿于会遇的整个过程或避让的整个过程，直至驶过让清为止。

第三节 航海图书资料

一、中版《潮汐表》介绍

目前，我国编制《潮汐表》的单位主要有两家：国家海洋信息中心和中国人民解放军海军海道测量局。由国家海洋信息中心编制、海洋出版社出版的《潮汐表》，简称为“海洋版”《潮汐表》(全书共 6 册)。由中国人民解放军海军海道测量局编制、中国航海图书出版社出版的《潮汐表》，简称为“海军版”《潮汐表》(全书共 4 册)。此外，中华人民共和国海事局或各地方海事局也会编制部分港口的《潮汐表》，由海事局编制的《潮汐表》简称为“海事版”《潮汐表》。

“海洋版”前 3 册《潮汐表》主要包括以下三部分内容。

1. 主港潮汐预报表

刊载了沿海主要港口（简称主港）的每日高潮的潮时（THW）、潮高（HHW）和低潮的潮时（TLW）、潮高（HLW）；我国部分重要港口除给出每日的高、低潮的潮时和潮高预报外，还给出了每日的逐时潮高预报。

2. 潮流预报表

刊载了部分海峡、港湾、航道以及渔场等潮流预报站点的每日潮流预报。

3. 差比数和潮信表

刊载了差比数、潮信资料、潮汐特征等数据，用差比数（高潮时差、低潮时差、潮差比、改正值）推算附港（主港潮汐预报表未预报的港口）潮汐，用潮信资料（平均高潮间隙、平均低潮间隙、大潮升、小潮升、平均海面）概算潮汐，用潮汐特征数据了解港口的潮汐状况。

除以上三部分内容外，这前 3 册还包括站位分布示意图、目录、使用说明、年历表、部分港口潮高订正值表、格林尼治月中天时刻表（格林尼治标准时）、东经 120°月中天时刻表（北京标准时）、月亮赤纬表（世界时零时）、任意时潮高计算方法（梯形图卡使用方法介绍）、天文变量等内容。

潮汐图解如图 2-1 所示。

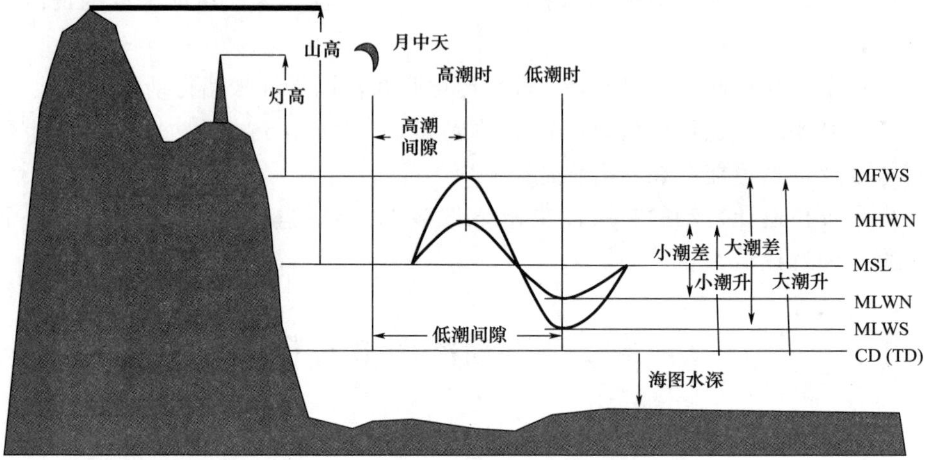

图 2-1　潮汐图解

二、中版《潮汐表》使用的注意事项

1. 潮时

我国沿岸各港所采用的时间为北京标准时（东 8 时区）。

“海洋版”《潮汐表》第 4、5、6 册中的外国诸港为当地使用的标准时。其表中给出的标准时若为 0000，表示该地用格林尼治标准时间（GMT）；若为负值，表示该地在格林尼治以东（例如－0800 表示东 8 时区）；若为正值，表示该地在格林尼治以西。

在附属港差比数中，当主、附港标准时不同时，已在它们的潮时差中作了改正，使用者无须考虑时区的不同。

中版《潮汐表》不采用某些地区使用的夏季时间。所有港口，在一年当中都采用一个标准时。

表列潮时是按 24 h 制编制的，应注意不要与一个太阴日（24 h 50 min）相混淆。

2. 潮高和水深

潮高单位为厘米（cm），当表中的潮高出现负值（－）时，表示潮面低于潮高基准面。潮高基准面（TD）是潮汐表中潮高的起算面，在“主港潮汐预报表”每页右下角有说明，一般与海图深度基准面（CD）一致，因此，某一时刻的水深等于海图水深加上该时刻的潮高。

3.《潮汐表》的误差及水文气象的影响

对我国沿岸各港的潮汐预报，中版《潮汐表》的预报精度高于英版《潮汐表》，故一般查询我国沿岸港口的潮汐资料时使用中版《潮汐表》（“海洋版”第1至3册），查询国外港口潮汐资料时使用英版《潮汐表》。

中版《潮汐表》中，主港潮汐预报精度高于用差比数推算所得的附港潮汐精度，用差比数推算所得的附港潮汐精度高于用潮信资料概算所得的潮汐精度。需要引起航海人员注意的是，不论使用哪种方法获得的潮汐数据，均会存在误差，应根据实际情况，留有一定的安全余量。

在正常情况下，中版《潮汐表》预报我国沿岸主港的潮时误差在20～30 min以内，潮高误差在20～30 cm以内，但在下列情况下《潮汐表》的预报可能出现较大误差，应予注意：

（1）有寒潮、台风或其他天气急剧变化时，水位随之发生特殊变化，潮汐预报值将与实际出入较大。寒潮常常引起“减水”，使实际水位低于预报很多，个别强烈的寒潮可使实际水位低于预报1 m以上。夏秋季节受到台风侵袭的地区（尤其是闽浙沿海）常常引起较大的“增水”，个别情况也有引起实际水位高于预报1 m以上的现象。此外，长江口附近春季经常有气旋出海而引起大风，也能引起水位的较大变化。

（2）处在江河口的预报点，如营口、燕尾、吴淞、温州、海门、马尾等，每当汛期洪水下泄时，水位急涨，实际水位会高于预报值很多。

（3）南海的日潮混合潮港，如海口、海安、北海等，因高潮与低潮常常有一段较长的平潮时间，预报的潮时有时会与实际差1 h以上，但这对实际使用影响不大，所报时间的潮高仍与实际比较相符。

三、利用中版《潮汐表》推算潮汐

1. 主港的高、低潮潮时和潮高

（1）根据港口位置确定所需使用的《潮汐表》册数。

（2）根据“目录”查询该港潮汐预报表所在的起始页码。

（3）根据具体的日期确定相应页数，便可查询该港该日期的高、低潮潮时和潮高（THW、HHW、TLW、HLW）。

（4）“主港潮汐预报表”中给出了该港的每日逐时（每日00时至23时的24个整点时刻）潮高，则还可查询逐时潮高。

2. 主港的任意时间的潮高或任意潮高的时间

（1）查表内插法

如果“主港潮汐预报表”中列有整点时刻的潮高预报，但需要查询的时间不是整点时刻，则可将相邻整点潮高之间的高度变化近似看成线性变化，用线性内插法求得期间任意时间的潮高或任意潮高的时间，可以根据下式计算：

$$\frac{T_1 \sim T}{T_1 \sim T_2}=\frac{H_t-H_1}{H_2-H_1}$$

式中：

H_t——任意时间的潮高（cm）；

$T_1 \sim T$、$T_1 \sim T_2$——两个时间的时间间隔（min）。

（2）公式计算法

不论“主港潮汐预报表”中是否列有整点时刻的潮高预报，均可使用公式计算任意时间的潮高或任意潮高的时间，计算公式为

$$H_t=H_{LW}+\frac{R}{2}\left[1-\cos\left(\frac{T \sim T_{LW}}{T_{LW} \sim T_{HW}}\times 180°\right)\right]$$

或

$$H_t=H_{HW}-\frac{R}{2}\left[1-\cos\left(\frac{T \sim T_{HW}}{T_{LW} \sim T_{HW}}\times 180°\right)\right]$$

式中：

H_t——任意时间的潮高（cm）；

H_{LW}——相邻低潮的潮高（cm）；

H_{HW}——相邻高潮的潮高（cm）；

R——潮差，相邻高潮的潮高与相邻低潮的潮高之差（cm）；

$T \sim T_{LW}$——任意时间与相邻低潮时间的时间间隔（min）；

$T \sim T_{HW}$——任意时间与相邻高潮时间的时间间隔（min）；

$T_{LW} \sim T_{HW}$——相邻低、高潮的时间间隔（min）。

$\frac{R}{2}\left[1-\cos\left(\frac{T \sim T_{LW}}{T_{LW} \sim T_{HW}}\times 180°\right)\right]$和$\frac{R}{2}\left[1-\cos\left(\frac{T \sim T_{HW}}{T_{LW} \sim T_{HW}}\times 180°\right)\right]$均称为潮高改正数，记为$\Delta h$。

（3）梯形图卡法

中版《潮汐表》中附有梯形图卡，用于速算任意时间的潮高以及任意潮高所对应的潮时。

潮汐梯形图卡是一种工程技术上常用的共线图，利用变量之间的函数关系画成有刻度的直线图表，避免了大量的计算。

潮汐梯形图卡由“梯形主图”“潮时尺”“潮高尺”三部分组成。只要知道当天的高、低潮潮高和潮时，就可以移动“潮高尺”和“潮时尺”，便捷地求出高、低潮之间任意时间的潮高或任意潮高的时间。

和前述两种方法相同的是，用梯形图卡法所得的潮汐数据也是存在误差的。

四、英版《潮汐表》介绍

1. 出版情况

英版《潮汐表》（Admiralty Tide Tables，ATT）由英国海军水道测量局（UKHO）出版，现（2022年版）共有8卷（9本），每年出版，刊有世界各主要港口的潮汐预报资料。

第一卷第一册（VOL 1A）书号为NP201A，英国，英吉利海峡至亨伯河（包括锡利群岛、海峡群岛和欧洲海峡港口）[United Kingdom，English Channel to River Humber（Including Isles of Scilly，Channel Islands and European Channel Ports）]；

第一卷第二册（VOL 1B）书号为NP201B，英国和爱尔兰（不包括锡利群岛、英吉利海峡至亨伯河、海峡群岛和欧洲海峡港口）[United Kingdom and Ireland（Excluding Isles of Scilly，English Channel to River Humber，Channel Islands and European Channel Ports）]；

第二卷（VOL 2）书号为NP202，北大西洋和北极地区（North Atlantic Ocean and Arctic Regions）；

第三卷（VOL 3）书号为NP203，印度洋（包括潮流表）[Indian Ocean（Including Tidal Stream Tables）]；

第四卷（VOL 4）书号为NP204，南太平洋（包括潮流表）[South Pacific Ocean（Including Tidal Stream Tables）]；

第五卷（VOL 5）书号为NP205，中国南海和印度尼西亚（包括潮流表）[South China Sea and Indonesia（Including Tidal Stream Tables）]；

第六卷（VOL 6）书号为NP206，北太平洋（包括潮流表）[North Pacific Ocean（Including Tidal Stream Tables）]；

第七卷（VOL 7）书号为NP207，西南大西洋和南美洲（South West Atlantic Ocean and South America）；

第八卷（VOL 8）书号为NP208，东南大西洋、西非和地中海（包括潮流表）[South East Atlantic Ocean，West Africa and Mediterranean（Including Tidal Stream Tables）]。

各卷潮汐表所包括的海区界限，可查阅英版《潮汐表》内的“界限图（Limits of Admiralty Tide Tables）”。

2. 主要内容

各卷的编排大致相同，主要由三部分组成。

(1) 第一部分（Part Ⅰ）

“主港潮汐预报”（Tidal Predictions for Standard Ports），简称“主表”。预

报主港每日高、低潮的潮时和潮高，潮高均以米（m）为单位，以当地最新版的最大比例尺的英版海图的深度基准面（CD）为起算面。各港潮时采用当地标准时，并在每页的左上角用“TIME ZONE××××”标明。在第一卷和第二卷中（绝大多数欧洲水域的）主港潮汐预报表前附有一张本港的“平均大潮和小潮曲线图”（Mean spring and neap curves），可用于求取本港的任意时潮汐。

第一卷还有一些主要港口的“逐时潮高预报”（Part Ⅰa，Hourly Height Predictions）。

第三、四、五、六、八卷还有“潮流表”（Part Ⅰa，Tidal Stream Tables）。

（2）第二部分（Part Ⅱ）

“用以预报附港潮汐的潮时差和潮高差表”（Time and Height Differences for predicting the tide at Secondary Ports）用以预报附港潮汐的潮时差和潮高差，简称“附表”。表中列出附港及其主港的编号（No）、地名（主港名用黑体字印刷）（PLACE）、主港潮汐资料的页码（see page××）和附港的经（Long）纬（Lat）度、附港相对于主港的潮时差（Time Differences）、潮高差（Height Differences）和平均海面（ML），偶数页下方印有本页及下页的备注，奇数页下方印有本页及上页涉及的港口的平均海面季节改正（Seasonal Changes in Mean Level）（用编号查询），表后有“注意事项”（Notes）。用这些资料可求取附港的潮时和潮高。

（3）第三部分（Part Ⅲ）

“调和常数”（Harmonic Constants）。表中列出了编号（No）、地名（主港名用黑体字印刷）（PLACE）、平均海面（ML）、四个主要分潮（M2、S2、K1、O1）的调和常数（振幅 H 和迟角 g）、浅水改正（S. W. Corrections）。以便利用简化的调和常数法求取表列地点的潮汐，使用第三部分的数据求取的潮汐精度要高于使用第二部分的数据求取的潮汐精度。

第二、三、四、五、六、八卷还有“潮流的调和常数”（Part Ⅲa，Harmonic Constants for Tidal Streams），以便利用简化的调和常数法预报潮流。

3. 其他内容

（1）索引（Index）

①主港索引（Index to standard ports）

印于各卷首，按地名（港名）字母顺序排列，用于根据地名（港名）查询主港预报资料所在页码。

②地理索引（Geographical index）

印于各卷尾，按地名（港名）字母顺序排列，用于根据地名（港名）查询主、附港在潮汐表中的编号，以便用此编号在 PART Ⅱ 和 PART Ⅲ 中查取该附港的有关资料，其中主港名用黑体字印刷。

（2）求任意时间的潮高曲线图（For Finding the Height of Tide at Times Between High and Low Water）

根据潮汐涨落的运动曲线近似为余弦曲线的原理制成的曲线图，其原理和计算结果均与我国《潮汐表》中的梯形图卡基本相同，可以互用。

这种曲线图在第二卷至第八卷中（非欧洲水域港口）每卷各印一张，供求该卷所有港口的任意时间的潮时和潮高用。注意在第二卷中既包含欧洲水域，也包含非欧洲水域，会同时存在适用于所有港口的“求任意时间的潮高曲线图”（简称通用曲线图）与只适用于本港的“平均大潮和小潮曲线图”（简称专用曲线图），由于专用曲线图是根据所适用港口的潮汐变化而制成的，所以精度要高于用纯余弦公式制成的通用曲线图。

（3）辅助用表（Supplementary Table）

表Ⅰ：“米和英尺换算表”（Conversion Table：Metres to Feet）。

表Ⅱ：“乘积表”（Multiplication Table），该表顶端引数为主（附）港的潮差（Range），左、右两边引数为由“求任意时间的潮高曲线图”查得的系数（Factor），乘积表所列数值为潮差和系数的乘积（即潮高改正数 Δh）。

表Ⅲ：“英国以米为单位的海图基准面相对于法定基准面的高度”（Height in Metres of Chart Datum relative to Ordnance Datum in the United Kingdom）（注：仅第一卷中有该表）。

表Ⅳ：“英国以外国家以米为单位的海图基准面相对于陆地平面系统的高度”（Height in Metres of Chart Datum relative to The Land Levelling System in Countries outside the United Kingdom）（注：仅第一卷和第二卷中有该表）。

表Ⅴ：分为 PART 1 和 PART 2 两部分。PART 1 为“主港以米为单位的潮面表（有关于预测的数据等）（包括定义和注释）”［Tidal Levels in Metres at Standard Port（with data concerning predictions，etc）（with notes）］；PART 2 为“附港以米为单位的最高天文潮面表”［Highest Astronomical Tidal Levels（HAT）in Metres at Secondary Ports］。

表Ⅵ：“两周一次的浅水改正”（Fortnightly Shallow Water Correction）。

表Ⅶ：“潮角和潮汐因子”（Tidal Angles And Factors）。

表Ⅷ：“轨道因素”（Orbital Elements）。

表Ⅵ～表Ⅷ在使用调和常数法预报潮汐时使用。

除以上内容外，在各卷卷首还刊有目录（contents）、前言（preface）、引言（introduction）、用法说明（introduction for the use of tables）等。

五、改正资料

各卷《潮汐表》自付印之后的补遗和勘误等改正资料，均发布于《航海通告年度摘要（1）》［Admiralty Annual Summary of Notices to Mariners，NP247（1）］中“海员年度通告”（Annual Notices to Mariners）的第 1 号通告之中，该

通告名为“××年英版潮汐表的补遗和勘误”（Admiralty Tide Tables××—Addenda and Corrigenda）。同时亦应注意可能附在潮汐表中的勘误表。

六、用英版《潮汐表》推算主港潮汐

首先根据港口位置确定相应卷别的《潮汐表》，再从“主港索引”或“用以预报附港潮汐的潮时差和潮高差表”中查得所求主港所在的页码，然后翻到此页，即可查到所求日的高、低潮的潮时和潮高，如有“逐时潮高预报表”，还可查得整点时刻的潮高。如船时与表列标准时不一致，则应进行改正。

计算主港的任意时间的潮高或任意潮高的时间，可使用潮汐曲线法或与中版《潮汐表》相同的公式计算法。

第四节　天气图识读

一、天气图的概念

填有某地区同一时刻观测的气象要素记录的特种地图，描述了某一地区、某一时刻的天气形势和天气状况。

二、天气图底图

底图是用来填写各地观测站所提供的气象观测记录的特种空白地图，图上标绘有经纬线、海岸线、观测站的站址（陆上气象站还标有该站的区号、站号）等。

底图常用的投影：

（1）墨卡托圆柱投影（适用于热带天气图）；

（2）兰勃特投影（适用于中高纬天气图，标准纬线 30°、60°）；

（3）极射赤面投影（适用于极地、半球、全球天气图）。

三、天气图的种类和图时

1. 分类

按高度分：地面图、高空图。

按内容分：分析图、预报图。

2. 图时

（1）分析图图时：图上资料观测时间。

地面分析图图时为每日 00Z、06Z、12Z、18Z（北京时间为 08 时、14 时、20 时和 02 时）。

高空分析图图时为每日 00Z 和 12Z（北京时间 08 时和 20 时）。

（2）预报图图时：表示预报起始时刻。

第五节 地面分析图和低纬流线图识读

一、地面分析图

1. 填图格式

O——测站或船位，称为站圈。

N——总云量；CH、CM、CL——高云状、中云状、低云状；NH——低云量，以数字表示。

h——最低云的云底高度，以数字表示。

TT、TdTd——气温、露点温度，以数字表示，无小数位，若实际气温为零下，则前面加“—”号，单位为℃。

ww——现在天气现象（即观测时或观测前 1 h 内的天气现象）；W——过去天气现象（即观测前 6 h 内出现的天气现象）；RR——观测前 6 h 内（包括观测时）的降水量，以数字表示，单位为 mm；VV——水平能见度，以数字表示，单位为 km，例如填图数字为 10，表示 10 km；填 0.5 时，则表示 500 m。

PPP——海平面气压，以数字表示，省略了气压的千位、百位数字，只保留了十、个、小数位，但无小数点，单位 hPa（或 mb）；PP——3 h 气压变量（即观测时与观测前 3 h 气压差值），以数字表示，有一位小数，但无小数点，单位为 hPa（或 mb），若气压上升，数字前加“+”号，反之，则加“—”号；a——3 h 气压倾向（即观测前 3 h 内的气压变化趋势）。

dd——风向，以矢杆表示，从站圈往外矢杆所指方向即为风向；ff——风速，以矢羽表示，矢羽与矢杆垂直指向低压。

2. 分析项目

（1）海平面气压场——等压线（黑色实线）

我国规定一般每隔 2.5 hPa 画一条，常见标值：……997.5，1000.0，1002.5……

日、美、英等国家每隔 4 hPa 画一条，常见标值：……996，1000，1004……

闭合等压线中：

我国在低压中心用红色标注“低”或“D”，在高压中心用蓝色标注“高”或“G”，在台风中心用红色标注“”。

国外天气图上低压中心标注“L”，高压中心标注“H”。

在中心符号的下方标注高、低压中心气压值（一般为整数）。

注意：等压线不能在图中相交、中断，只能在图中闭合或在图边中止。

（2）等 3 h 变压场（传真图上无）——等 3 h 变压线（一般用虚线表示）

（3）锋线

冷锋（蓝色）

暖锋（红色）

静止锋（红蓝双色）

锢囚锋（紫色）

（4）天气现象

为醒目起见，用不同颜色铅笔勾画出大风、雾、降水、沙暴、吹雪等重要天气现象的区域。传真图上用锯齿线标注大风区和浓雾区。

二、低纬流线图

1. 流线的概念

在同一时刻，若一条曲线上任意一点的切线方向都与该点风向一致，则该曲线称为流线（Streamline），意即流线上各点的风向与流线相切。

在流线图上，用带箭头的黑色曲线表示流线，箭头方向为气流方向。

流线有下列特点：不能交叉，但可以分支和汇合；既能起止于图的边缘，也可起止于风向有急剧变化的地方；风速大的地方流线密，风速小的地方流线稀。

2. 流线图上常见的水平流场形式

（1）平直流线与波状流线

（2）渐近线

流线分支或汇合的线，相当于数学中的渐近线。

分为辐散渐近线和辐合渐近线。

辐合渐近线往往与一些活跃的对流天气区（如积云、积雨云、阵雨等）相联系。

（3）奇异点（静风点）

①尖点：波动向涡旋发展的过渡形式，生命史很短。

②涡旋：辐合型的气旋涡旋，以符号“C”表示，相当于低压，称为单汇辐合流场；辐散型的反气旋涡旋，以符号“A”表示，相当于高压，称为单源辐散流场。

③中性点：两条辐合渐近线与两条辐散渐近线的交点称为中性点，相当于气压场中的鞍形场。

第六节 海上天气报告和警报

一、海岸电台的播报范围

海岸无线电台：例如，大连、上海、广州台，中国香港台，中国台湾的基隆、花莲和高雄台等，每天定时用中、英文明码电报向国内外商船转发海上天气报告和警报。

大连台负责播报的海域：渤海、渤海海峡、黄海北部、黄海中部。

上海台负责播报的海域：渤海、渤海海峡、黄海北部、黄海中部、黄海南部、东海北部、东海南部、台湾省北部、台湾海峡、济州、长崎、鹿儿岛、琉球、台湾省东部。

广州台负责播报的海域：台湾海峡、广东东部、广东西部、北部湾、巴士、东沙、西沙、海南岛西南部、华列拉、头顿、中沙、南沙、曾母暗沙。

中国香港台的预报区域：香港、广东、东沙群岛、台湾海峡、台湾省北部、台湾省东部、琉球群岛、舟山、西沙群岛、巴士海峡、巴林塘海峡、黄岩岛、民都洛、南沙群岛、华列拉、岘港、北部湾。

日本东京气象厅（JMC）天气报告的范围：范围 A 为一般警报，范围 B 为紧急警报。

二、天气报告的内容

各岸台均按统一规定的格式和内容编发报文，完整的报文由十部分组成，通常船舶只抄收前面第一到第三部分内容。

第一部分：警报（如大风、风暴、热带气旋、浓雾警报等）；

第二部分：天气形势摘要（高压、低压、锋、热带气旋等天气系统的位置、强度、移向、移速等）；

第三部分：海区天气预报（天空状况、天气现象、风力、风向、浪级等）。

三、天气报告的应用

阅读天气报告后应明确的两个问题：

（1）目前船舶所在海域处于何天气系统及该系统的何部位控制。

（2）未来的天气形势和天气状况。在未来 24 h 内，推算船位附近海域将处于何系统及该系统的何部位控制，在该系统控制下将出现什么天气。

第七节　气象传真图分析与应用

一、世界气象传真广播台概况

各气象传真广播台使用的呼号、频率、广播时间和节目内容等在每年印发的《无线电信号表》第三卷查到。气象传真台全球分为六个区域。

二、气象传真图的种类

适合航海使用的主要有三大类。

(1) 传真天气图：地面分析图（AS）、地面预报图（FS）、高空分析图（AU）和高空预报图（FU）。

(2) 传真海况图：波浪分析图（AW）、波浪预报图（FW）、表层海流图（SO、FO）、表层海温图（CO、FO）和海冰状况图（ST、FI）。

(3) 传真卫星云图：红外（IR）和可见光（VIS）云图。

三、气象传真图的图题（Heading）

图题一般采用如下格式：

TTAA(ii/iii)		**CCC**
YYGGggZ	**MMM**	**JJJJ**
...	...	...

其中：TT——图类代号；AA——图区代号；ii/iii——同类资料图的区分代号，常用1～3个数字表示，1个数字用来区别不同时间，2个数字常表示预报时效或等压面高度，3个数字表示等压面高度和预报时效；

CCC——传真台呼号，各传真台有固定的呼号，如北京台为BAF，东京一台为JMH；

YY——日期；GG——时；gg——分；Z——世界时Zebra Time的缩写，有时则用GMT表示世界时；MMM——月份的缩略形式；JJJJ——年；

…——其他说明。

四、地面图识读

1. 地面分析图（AS）

日本东京 JMH 台发布的亚洲地面分析图包含以下内容：

（1）图题

第一个 AS——图类代号，表示地面分析；

第二个 AS——图区代号，表示东亚和西北太平洋区域；

JMH——传真台呼号，表示东京一台；

第二行——图时（世界时）；

第三行——图类的英文全拼。

注意：实况分析图的图时为图上资料的观测时间，而非收图时间。

（2）单站填图资料（略）

（3）气压系统的分析

实线——等压线，相邻两等压线间隔为 4 hPa；

虚线——辅助等压线，与相邻实线等压线相差 2 hPa，为了醒目；

加粗线——每隔 20 hPa 加粗一根，如 1000 hPa、1020 hPa 等。

①普通气压系统

高压中心标注“H”，低压中心标注“L”；

⊕或×表示系统中心位置；

⬀10KT——箭矢表示系统中心的移动方向，所注数字表示移动速度，单位 kn（KT）；

箭矢旁只有 SLW 或 SLY 时，表示有移向，但移速小于 5 kn；

无箭矢只标注 STNR（或 QSTNR）或 ALMOST STNR 时，表示系统中心移向不定，移速小于 5 kn，为（准）静止系统。

NEW 表示新生的气压系统；UKN 表示情况不明。

②热带气旋

TD——热带低压；TS——热带风暴；STS——强热带风暴；T——台风。

热带气旋中心定位精度的三种情况：

PSN GOOD——飞机定位，误差＜20 n mile；

PSN FAIR——卫星定位，误差为 20～40 n mile；

PSN POOR——外推定位，误差＞40 n mile。

强风暴（热带风暴等级以上的热带气旋和风力≥10 级的强锋面气旋）移动的表示方法：实线扇形区表示强风暴未来的移动方向，扇形前面的虚线圆表示气旋中心可能到达的位置，气旋中心进入虚线圆的概率为 70%，虚线圆又称为风暴中心预报位置的概率圆。概率圆边上的数字表示预报日期和时间。

强风暴分析的进一步说明：图的空白处列有一段或几段英文简报作更具体的说明。

(4) 锋（略）

(5) 警报

〔W〕——一般警报（Warning），表示风力≤7 级，或有必要警告提防大雾等情况；

〔GW〕——大风警报（Gale Warning），风力为 8～9 级；

〔SW〕——风暴警报（Storm Warning），风力≥10 级（对热带气旋，则指风力为 10～11 级）；

〔TW〕——台风警报（Typhoon Warning），风力≥12 级；

〔HW〕——飓风警报（Hurricane Warning），风力≥12 级；

〔OW〕——其他警报（Other Warning）；

FOG〔W〕——浓雾警报，海面水平能见度<1 km（或 0.5 n mile）。

并用锯齿状折线标出大风或浓雾警报海域的大致边界，以提醒船舶注意。

2. 地面预报图（FS）

图中内容：

绘出了等压线，标注了气压系统的类别、中心位置和强度，还有锋的类别、位置以及热带气旋中最大风速值和大风分布情况，并在图的左上部方框中给出冰区和雾区符号的说明。

预报图根据预报时效还有 48 h 预报、72 h 预报，日本东京 JMH 台还发布远东中期地面预报图（FEFE19）。

3. 热带气旋警报图（WT）

图题：第一行 WT——台风警报，代码 07 表示预报时效为 72 h。

英文简报：详细说明预报起始时刻热带气旋的中心位置、强度、移向、移速和最大风速。

图左上角热带气旋警报图图例的详细说明：

(1) 实际大风区（Area of Storm-force Winds，风速≥50 kn，即≥10 级）：以热带气旋中心当前位置“×”为中心的实线圆，圆外风力小于 10 级；

(2) 预报概率圆：虚线圆，表示热带气旋中心未来 12 h、24 h、48 h、72 h 可能落入的范围（Area of Possible Position），实际落入圆中的概率为 70%；

(3) 大风（≥10 级）警（预）报区（Area of Possible Storm-force Winds）：热带气旋中心预报位置概率圆外的实线同心圆表示，预计该圆内某些部位未来可能受≥10 级大风的影响。

五、传真波浪图

1. 波浪分析图（AW）

等波高线——实线（单位 m），2 m 起画，两相邻等波高线间隔为 1 m；等波高线数据是合成波高（HE）。

加粗等波高线——为醒目起见，从 4 m 等波高线开始，每隔 4 m 加粗一根，如 4 m、8 m。

主波向——几列波并存时波高最大者的传播方向。

乱波区——虚线勾勒。

观测船观测的实况——风向、风速、风浪向、风浪高、风浪周期、涌浪向、涌浪高和涌浪周期，填图格式和图例。

天气形势的标注——高、低气压中心位置、强度及锋线位置；热带气旋中心位置、名称、中心气压和中心位置的具体经纬度。

2. 波浪预报图（FW）

等波高线——实线（单位 m），等波高线的数值为有效波高（$1/3H$），根据海浪理论计算出；

主波向及个别地点主波的波高和周期；

高气压、低气压、热带气旋的中心位置、强度以及锋线位置等。

标绘技术规定同波浪分析图。

我国海浪预报时效为 24 h。世界各国发布的波浪预报时效多为 24～36 h，最长 72 h。

六、传真海流图

常见海流图有旬和月平均海流图。

1. 海流实况图（SO）

海流实况图是根据上个旬（或上个月）的海流实测资料绘出的。

箭矢——流向，箭杆——流速；

粗箭头——海流的主轴位置、水平范围和流速分布等情况。

2. 海流预报图（FO）

粗矢线和其中数字——海流主轴的推算位置和流速（单位 kn）；

细实线——预报的该旬（或月）表层海水等温线（单位℃）。

七、卫星云图的识别

1. 卫星云图种类的识别

（1）可见光云图（Visible Satellite Image，VS，又称电视云图）

在可见光波段，卫星观测仪器感应云或地表面对阳光的反射差异，图片上黑白差异表示云或地面的反照率大小，白色表示反照率大，黑色表示反照率小。

通常云层越厚，反照率越大，颜色越白。

（2）红外云图（Infrared Satellite Image，IR）

在红外云图上，最黑的地区代表最暖的表面，最白的地区代表最冷的表面。根据色调的差异可以判断云顶的高低：色调白，温度就低，表示云顶高度高；色调黑，温度就高，表示云顶高度低。

2. 重要天气系统的识别和跟踪

（1）热带气旋：在卫星云图上，热带气旋为白色的涡旋状云系。

（2）冷锋：在卫星云图上，冷锋云区表现为一条长几千千米、宽二三百千米的白色云带。

（3）暖锋：在卫星云图上，暖锋云区表现为长几百千米、宽 300～500 千米的短而宽带状云区。

（4）锋面气旋

锋面气旋处于波动阶段时，云系模式的主要特征是没有涡旋状结构。成熟阶段的云系模式的主要特征是在靠近气旋移动方向的一侧有一条条卷云线，向外呈辐射状，这是气旋发展的标志，并且在中、高云区的后部边界表现出凹向低压中心的曲率，是即将出现干舌（即无云区）的前兆。锢囚阶段的云系模式，其典型特征是云系中出现明显的螺旋状结构，在锋面云带后面出现干舌，并逐渐伸向气旋中心。进入消亡阶段的锋面气旋，其云系特征是原涡旋云带断裂，断裂处无云。

（5）副热带高压（简称副高）

在卫星云图上，副高表现为一大片暗的无云或少云区，其南北两侧均为多云区（白色多）。

副高区色调很黑，碧空无云，说明副高区内下沉运动很强；当副高减弱时，副高区颜色将变淡，表明内部云系增加。

第三章

海上设施信号基本知识

第一节　一般定义

《1972 年国际海上避碰规则》和《中华人民共和国海上交通安全法》对以下名词做出了解释。

（1）“船舶”，指用作或者能够用作水上运输工具的各类水上船筏，包括非排水船舶、地效船和水上飞机。

（2）“机动船”，指用机器推进的任何船舶。

（3）“帆船”，指任何正在驶帆的船舶，包括装有推进器而不在使用者。

（4）“从事捕鱼的船舶”，指使用网具、绳钓、拖网或其他使其操纵性能受到限制的渔具捕鱼的任何船舶，但不包括使用曳绳钓或其他并不使其操纵性能受到限制的渔具捕鱼的船舶。

（5）“水上飞机”，包括为能在水面操纵而设计的任何航空器。

（6）“失去控制的船舶”，指由于某种异常的情况，不能按《避碰规则》各条的要求进行操纵，因而不能给他船让路的船舶。

（7）“操纵能力受到限制的船舶”，指由于工作性质，使其按《避碰规则》要求进行操纵的能力受到限制，因而不能给他船让路的船舶。

“操纵能力受限制的船舶”一词应包括，但不限于下列船舶：

①从事敷设、维修或起捞助航标志、海底电缆或管道的船舶；

②从事疏浚、测量或水下作业的船舶；

③在航中从事补给或转运人员、食品或货物的船舶；

④从事发放和回收航空器的船舶；

⑤从事清除水雷作业的船舶；

⑥从事拖带作业的船舶，而该项拖带作业使该拖船偏离所驶航向的能力严重受到限制者。

(8)“限于吃水的船舶”，指由于吃水与可航行水域的水深和宽度的关系，致使其驶离航向的能力严重地受到限制的机动船。

(9)“在航”，指船舶不在锚泊、系岸或搁浅。

(10) 船舶的“长度”和“宽度”(length and breadth) 是指船舶的总（最大）长度 (Length overall) 和最大宽度 (Greatest breadth)。

(11) 互见，只有当一船能自他船以视觉看到时，才应认为两船是在互见中。

(12) 能见度不良，是指由于雾、霾、下雪、暴风雨、沙暴或其他任何类似原因而使能见度受到限制的情况。

(13)“地效船”一词系指多式船艇，其主要操作方式是利用表面效应贴近水面飞行。

(14)“海上设施”，是指水上水下各种固定或者浮动建筑、装置和固定平台，但是不包括码头、防波堤等港口设施。

(15)“施工作业”，是指勘探、采掘、爆破，构筑、维修、拆除水上水下构筑物或者设施，航道建设、疏浚（航道养护疏浚除外）作业，打捞沉船沉物。

(16)“海上交通事故”，是指船舶、海上设施在航行、停泊、作业过程中发生的，由于碰撞、搁浅、触礁、触碰、火灾、风灾、浪损、沉没等原因造成人员伤亡或者财产损失的事故。

(17)“海上险情”，是指对海上生命安全、水域环境构成威胁，需立即采取措施规避、控制、减轻和消除的各种情形。

(18)“海上渡口”，是指海上岛屿之间、海上岛屿与大陆之间，以及隔海相望的大陆与大陆之间，专用于渡船渡运人员、行李、车辆的交通基础设施。

第二节　认识号灯和号型

一、号灯和号型的用途

号灯和号型 (Lights and shapes) 是用来表示船舶种类、大小、动态和工作性质的各种灯光和型体。

通过对号灯、号型的观察与识别，不但能了解一船的种类、大小与动态，并且还可以作为判断一船的航向、两船所构成的会遇格局以及是否存在碰撞危险的依据。

在避让操纵中，观察他船号灯的变化情况，如两盏桅灯的水平张角变化的趋势、异舷灯的出现，以及灯光颜色及发光强度等方面的情况，即可进一步地了解他船所采取的操纵行动及避让意图，同时还可据此查核双方避让行动的有效性。

二、号灯、号型的适用范围

1. 显示号灯的时间

（1）从日没到日出；

（2）在能见度不良的白天；

（3）在一切其他认为必要的情况下。

2. 不应显示的灯光

（1）会被误认为《避碰规则》订明的灯光；

（2）会削弱号灯的能见距离或显著特性的灯光；

（3）会妨碍正规瞭望的灯光。

3. 悬挂号型的时间

《避碰规则》第二十条第4款指出：有关号型的各条规定，在白天都应遵守。所谓的白天，是指日出到日落和晨昏蒙影期间。鉴于《避碰规则》这一规定，必然导致在某个时刻将同时显示号灯与号型。例如，晨昏蒙影期间，既属于“日没至日出”，又属于“白天”的范畴，因而，在显示号灯的同时，又必须悬挂号型。又如，在能见度不良的白天，既适用显示号灯的规定，又符合悬挂号型的要求。

三、号灯的种类和定义

（1）“桅灯”（Masthead light），是指安置在船的首尾中心线上方的白灯，在225°的水平弧内显示不间断的灯光，其装置要使灯光从船的正前方到每舷正横后22.5°内显示。

（2）“舷灯”（Side lights），是指右舷的绿灯和左舷的红灯，各在112.5°的水平弧内显示不间断的灯光，其装置要使灯光从船的正前方到各自一舷的正横后22.5°内分别显示。长度小于20 m的船舶，其舷灯可以合成一盏，装设于船的首尾中心线上。

（3）“尾灯”（Stern light），是指安置在尽可能接近船尾的白灯，在135°的水平弧内显示不间断的灯光，其装置要使灯光从船的正后方到每一舷67.5°内显示。

（4）“拖带灯”（Towing light），是指具有与“尾灯”相同特性的黄灯。

（5）“环照灯”（All-round light），是指在360°的水平弧内显示不间断灯光的号灯。

（6）“闪光灯”（Flashing light），是指每隔一定时间以每分钟120闪次或120以上闪次闪光的号灯。

四、号灯的能见距离

《避碰规则》各条规定的号灯，应具有本规则附录一第8节订明的发光强度，以便在下列最小距离上（见表3-1）能被看到。

表 3-1　号灯能见距离表

号灯种类	号灯能见距离（n mile）			
	$L\geqslant 50$ m	20 m$\leqslant L<50$ m	12 m$\leqslant L<20$ m	$L<12$ m
桅灯	6	5	3	2
舷灯	3	2	2	1
尾灯	3	2	2	2
拖带灯	3	2	2	2
环照灯	3	2	2	2
闪光灯	3	2	2	2
操纵号灯	5			

注：L 指船的长度（m）。

第三节　识别各类船舶显示的号灯和号型

一、机动船

1. 在航机动船

号灯：

（1）前桅灯 1 盏；

（2）后桅灯 1 盏（$L<50$ m，可不显示）；

（3）舷灯 2 盏；

（4）尾灯 1 盏。

号型：无。

2. 机帆并用船

号灯：同在航机动船。

号型：尖端向下的圆锥体。

3. 气垫船

（1）排水状态

号灯：同在航机动船。

号型：无。

（2）非排水状态

号灯：

①前桅灯 1 盏；

②后桅灯 1 盏（$L<50$ m，可不显示）；

③舷灯 2 盏；

④尾灯 1 盏；

⑤环照黄色闪光灯 1 盏。

号型：无。

4. 地效船

(1) 在水面操作时：同在航机动船。

(2) 起飞、降落、贴近水面飞行时：

号灯：

①前桅灯 1 盏；

②后桅灯 1 盏（$L<50$ m，可不显示）；

③舷灯 2 盏；

④尾灯 1 盏；

⑤高亮（密）度环照红色闪光灯 1 盏。

号型：无。

5. 水上飞机

同在航机动船。

地效船和水上飞机在不可能按规定要求的各种特性或位置的号灯、号型显示时，应显示尽可能近似于《避碰规则》要求的各种特性或位置的号灯、号型。

6. 潜水艇露出水面航行时

号灯：琥珀色闪光灯 1 盏。

号型：无。

7. $L<12$ m 的机动船

号灯：

①环照白灯 1 盏；

②舷灯 2 盏。

8. $L<7$ m 且航速 $v\leqslant7$ kn 的机动船

号灯：环照白灯 1 盏；

号型：无。

二、限于吃水的船舶

号灯：

(1) 前桅灯 1 盏；

(2) 后桅灯 1 盏（$L<50$ m，可不显示）；

(3) 舷灯 2 盏；

(4) 尾灯 1 盏；

(5) 垂直 3 盏环照红灯。

号型：一个圆柱体。

三、在航帆船和划桨船

1. $L \geqslant 20$ m 的在航帆船

号灯：

(1) 不显示桅灯；

(2) 舷灯 2 盏；

(3) 尾灯 1 盏；

(4) 还可在桅顶最易见处，垂直两盏环照灯，上红下绿（不能与合色灯同时显示）。

号型：无。

2. 7 m$\leqslant L<$20 m 的在航帆船

号灯：合色灯（装设在桅顶或接近桅顶的最易见处）。

号型：无。

3. $L<7$ m 的在航帆船

号灯：白光电筒 1 个或白灯 1 盏。

号型：无。

4. 划桨船

号灯：可按帆船显示或白光电筒 1 个或白灯 1 盏。

号型：无。

四、从事拖带和顶推的机动船

1. 机动船拖带（尾拖）

l 表示拖带长度，即从拖船船尾量到被拖物体后端。

号灯：

(1) 桅灯：$l>200$ m 时，垂直 3 盏桅灯取代 1 盏；$l \leqslant 200$ m 时，垂直 2 盏桅灯取代 1 盏。

(2) 舷灯 2 盏。

(3) 尾灯 1 盏。

(4) 拖带灯 1 盏。

号型：$l>200$ m 时在最易见处设置一个菱形体。

2. 机动船顶推

(1) 顶推船和被顶推船被牢固地连接为一个组合体时

号灯：

①前部 1 盏桅灯，第 2 盏桅灯后于并高于前盏桅灯；
②舷灯 2 盏；
③尾灯 1 盏。
（2）顶推船和被顶推船不作为一个组合体时
号灯：
①垂直 2 盏桅灯；
②舷灯 2 盏；
③尾灯 1 盏。

五、操纵能力受到限制的船舶

1. 操纵受限船
号灯：
（1）对水移动时：桅灯、舷灯、尾灯、环照红白红。
（2）不对水移动时：环照红白红。
号型：垂直球菱球。
2. 拖带受限船
号灯：
（1）桅灯：$l>200$ m 时，垂直 3 盏桅灯取代 1 盏；$l\leqslant 200$ m 时，垂直 2 盏桅灯取代 1 盏。
（2）舷灯 2 盏。
（3）尾灯 1 盏。
（4）拖带灯 1 盏。
（5）环照红白红。
号型：
（1）$l\leqslant 200$ m 时，球菱球；
（2）$l>200$ m 时，球菱球＋菱形。
3. 从事疏浚或水下作业的船舶
号灯：
（1）对水移动时：桅灯、舷灯、尾灯、环照红白红；垂直两盏环照红灯（障碍物舷）；垂直两盏环照绿灯（可通航舷）。
（2）不对水移动时：环照红白红。
号型：
（1）垂直球菱球；
（2）两个黑球（障碍物舷）；
（3）两个菱形体（可通航舷）。

4. 从事潜水作业的小船
号灯：环照红白红。
号型：信号旗“A”的硬质复制品，高度≥1 m。
5. 清除水雷作业的船舶
号灯：
(1) 前桅灯1盏；
(2) 后桅灯1盏（$L<50$ m，可不显示）；
(3) 舷灯2盏；
(4) 尾灯1盏；
(5) 3盏环照品字形绿灯。
号型：3个呈品字形黑球，表示他船驶近至该船1000 m以内是危险的。

六、失去控制的船舶

号灯：
(1) 对水移动时：舷灯、尾灯、环照红灯2盏；
(2) 不对水移动时：环照红灯2盏。
号型：垂直2个黑球。

七、从事捕鱼的船舶

1. 拖网渔船
号灯：
(1) 对水移动时：桅灯、舷灯、尾灯、环照上绿下白；
(2) 不对水移动时：桅灯、环照上绿下白。
号型：尖端对接的两个圆锥体。
2. 非拖网渔船（l表示渔具水平伸出距离）
号灯：
(1) 环照上红下白；
(2) 舷灯（不对水时应关闭）；
(3) 尾灯（不对水时应关闭）；
(4) 环照白灯1盏（$l>150$ m时，渔具伸出方向）。
号型：
(1) 两个尖端对接的圆锥体；
(2) 一个尖端向上的圆锥体（$l>150$ m时，渔具伸出方向）。
3. 相互邻近捕鱼的额外信号
(1) 非对拖捕鱼：垂直两盏环照白灯（放网时）；垂直环照上白下红（起网

时)；垂直两盏环照红灯（挂住障碍物)。

(2) 对拖捕鱼作业：在非对拖捕鱼号灯的基础上，前方对照探照灯。

(3) 围网捕鱼：行动被渔具妨碍时，额外垂直两盏黄色号灯（每秒交闪一次，明暗历时相等)。

八、引航船

号灯：

(1) 执行引航任务：舷灯、尾灯、环照上白下红；

(2) 不执行引航任务时，应显示为其同样长度的机动船的号灯。

九、锚泊船

号灯：

(1) 前后锚灯（$L<50$ m 时，可用 1 盏代替)；

(2) 甲板工作灯（$L\geqslant100$ m 时，必须显示)。

号型：最易见处显示 1 个锚球。

长度小于 7 m 的船舶，不是在狭水道、航道、锚地或其他船舶通常航行的水域中或其附近锚泊时，不要求显示锚灯或锚球。

十、搁浅船

号灯：

(1) 前后锚灯（$L<50$ m 时，可用 1 盏代替)；

(2) 2 盏环照红灯（$L<12$ m 时，不显示)。

号型：垂直 3 个球体（$L<12$ m 时，不显示)。

第四节 认识声响和灯光信号

一、声响和灯光信号的作用

在能见度不良的水域中，声响和灯光信号（简称声号）可用来表明船舶的种类、动态，以及作为船舶，尤其是未装置雷达或雷达发生故障而无法正确使用的船舶，采取某些避让行动的一种有效依据。

在互见中，声响和灯光信号（Sound and light signals）可用来表明一艘船舶正在采取的一种行动，或企图采取的行动，或对另一艘船舶所采取的行动表示怀疑、无法了解、持有异议，或要求他船引起注意，或对他船发出警告的一种听觉和视觉信号的手段。

二、船舶应配备的声号设备

1. 声号设备的配备要求

（1）长度为 12 m 或 12 m 以上的船舶，应配备 1 个号笛；长度为 20 m 或 20 m 以上的船舶，除了号笛以外还应配备 1 个号钟；长度为 100 m 或 100 m 以上的船舶，除了号笛和号钟以外还应配有 1 面号锣。号锣的音调和声音不可与号钟的相混淆。号笛、号钟和号锣应符合《避碰规则》附录三所载规格。号钟、号锣或二者可用与其各自声音特性相同的其他设备代替，但任何时候都要求以手动鸣放规定信号。

（2）长度小于 12 m 的船舶，不要求备有上面规定的声响信号器具。如不备有，则应配置能够鸣放有效声号的他种设备。

2. 声响和灯光信号及其装置的主要技术细节

（1）号笛（whistle）

①定义

号笛指能够发出规定笛声并符合《避碰规则》附录三所载规格的任何声响信号器具。

“短声”，指历时约 1 s 的笛声。“长声”，指历时 4～6 s 的笛声。

②笛号的声距和可听距离（见表 3-2）

表 3-2　笛号的声距和可听距离表

船舶长度	1/3 倍频带声压级/dB （距离 1 m，相对于 2×10^{-5} N/m²）	可听距离/ （n mile）
200 m 或 200 m 以上	143	2
75 m 或 75 m 以上但小于 200 m	138	1.5
20 m 或 20 m 以上但小于 75 m	130	1
小于 20 m	120	0.5

实际上，号笛的可听距离极易变化，而且主要取决于天气情况，所定数值可作为典型性的，但在强风或在收听点周围有高噪声级的情况下，距离可大大减小。

（2）号钟和号锣（Bell and gong）

①声号的强度

号钟、号锣或其他具有类似声音特性的器具所发出的声压级，在距它 1 m 处，应不少于 110 dB。

②构造

号钟和号锣应用抗蚀材料制成，其设计应能使之发出清晰的音调。长度为

20 m 或 20 m 以上的船舶，号钟口的直径应不小于 300 mm；长度为 12 m 或 12 m 以上但小于 20 m 的船舶，应不小于 200 mm。如可行，建议用一个机动钟锤，钟锤的质量应不小于号钟质量的 3%。

（3）操纵号灯（Manoeuvering light）

①操纵号灯的作用

用来补充声响信号，以便他船能更早地获悉鸣放信号的船舶的行动及其意图。

②灯质及其能见距离

操纵号灯应是 1 盏环照白灯，其能见距离至少为 5 n mile。

③灯光信号显示的方法及要求

每闪历时约 1 s，各闪间隔应约 1 s；前后两组信号的间隔应不少于 10 s。

三、操纵和警告信号

（1）当船舶在互见中，在航机动船按《避碰规则》准许或要求进行操纵时，应用号笛发出下列声号表明以下意图：

①1 短声，表示“我船正在向右转向”；

②2 短声，表示“我船正在向左转向”；

③3 短声，表示“我船正在向后推进”。

（2）在操作过程中，任何船舶均可用灯号补充上面规定的笛号，这种灯号可根据情况予以重复。

①这种灯号应具有以下意义：

a. 1 闪，表示“我船正在向右转向”；

b. 2 闪，表示“我船正在向左转向”；

c. 3 闪，表示“我船正在向后推进”。

②每闪历时约 1 s，各闪间隔应约 1 s，前后信号的间隔应不少于 10 s。

③如没有用作本信号的号灯，则应是 1 盏环照白灯，其能见距离至少为 5 n mile，并应符合相关规定。

（3）在狭水道或航道内互见时

①一艘企图追越他船的船舶，应遵照规定，以号笛发出下列声号表示：

a. 2 长声继以 1 短声，表示“我船企图从你船的右舷追越”；

b. 2 长声继以 2 短声，表示“我船企图从你船的左舷追越”。

②将要被追越的船舶，当按照以上方式行动时，应以号笛依次发出下列声号表示同意：1 长声、1 短声、1 长声、1 短声。

（4）当互见中的船舶正在互相驶近，并且不论由于何种原因，任何一船无法了解他船的意图或行动，或者怀疑他船是否正在采取足够的行动以避免碰撞时，存在怀疑的船应立即用号笛鸣放至少 5 声短而急的声号以表示这种怀疑，该声号可以用至少 5 次短而急的闪光来补充。

(5) 船舶在驶近可能被房间障碍物遮蔽他船的水道或航道的弯头或地段时，应鸣放 1 长声。该声号应由水道或航道的弯头另一面或房间障碍物后方可能听到它的任何来船回答 1 长声。

(6) 如船上所装几个号笛，其间距大于 100 m，则只应使用 1 个号笛鸣放操纵和警告声号。

四、能见度不良时使用的声号

在能见度不良水域中或其附近时，不论白天还是夜间，声号应使用如下：

(1) 机动船对水移动时，应以每次不超过 2 min 的间隔鸣放 1 长声。

(2) 机动船在航但已停车并且不对水移动时，应以每次不超过 2 min 的间隔连续鸣放 2 长声，2 长声的间隔约 2 s。

(3) 失去控制的船舶、操纵能力受到限制的船舶，限于吃水的船舶、帆船、从事捕鱼的船舶以及从事拖带或顶推他船的船舶，应以每次不超过 2 min 的间隔连续鸣放 3 声，即 1 长声继以 2 短声，以取代第 1、2 条规定的声号。

(4) 从事捕鱼的船舶锚泊时，以及操纵能力受到限制的船舶在锚泊中执行任务时，应当鸣放第 3 条规定的声号以取代第 7 条规定的声号。

(5) 一艘被拖船或者多艘被拖船的最后一艘，如配有船员，应以每次不超过 2 min 的间隔连续鸣放 4 声，1 长声继以 3 短声，当可行时，这种声号应在拖船鸣放声号之后立即鸣放。

(6) 当一顶推船和一被顶推船牢固地连接成为一个组合体时，应作为一艘机动船，鸣放第 1、2 条规定的声号。

(7) 锚泊中的船舶，应以每次不超过 1 min 的间隔急敲号钟约 5 s。长度为 100 m 或以上的船舶，应在船的前部敲打号钟，并应在紧接号钟之后，在船的后部急敲号锣约 5 s。此外，锚泊中的船舶，还可以连续鸣放 3 声，即 1 短声 1 长声 1 短声，以警告附近的船舶注意本船位置和碰撞的可能性。

(8) 搁浅的船舶应鸣放第 7 条规定的钟号，如有要求，应加发锣号。此外，还应在紧接急敲号钟之前和之后，各分隔而清楚地敲打号钟 3 下，搁浅的船舶还可以鸣放合适的笛号。

(9) 长度为 12 m 或 12 m 以上但小于 20 m 的船舶，不要求鸣放第 7 条和第 8 条规定的声号，但如不鸣放上述声号，则应鸣放不超过 2 min 间隔的他种有效声号。

(10) 长度小于 12 m 的船舶，不要求鸣放上述声号，但如不鸣放上述声号，则应以每次不超过 2 min 的间隔鸣放他种有效声号。

（11）引航船当执行引航任务时，除第 1、2、7 条规定的声号外，还可以鸣放由 4 短声组成的识别声号。

五、招引注意的信号

如有必要招引他船注意，任何船舶可以发出灯光或声响信号，但这种信号应不致被误认为《避碰规则》其他条款所准许的任何信号，或者可用不致妨碍任何船舶的方式把探照灯的光束朝着危险的方向；任何招引他船注意的灯光，应不致被误认为是任何助航标志灯光，为此目的，应避免使用诸如频闪灯这样高亮度的间歇灯或旋转灯。

第五节　认识国际信号规则和信号旗

一、船舶信号设备及配备

1. 手旗

一种是字母“O”样子，一种是字母“P”样子。这两种不同样式的手旗可依据通信时的不同背景选用。能见距离在 1～3 n mile。

2. 信号旗

信号旗是用红、黄、白、黑、蓝 5 种不同颜色的旗纱制成，有字母旗 26 面，数字旗 10 面，代用旗 3 面，回答旗 1 面，1 套共有 40 面。

二、单字母信号

除了 R 没有意义外，其他 25 个字母都有其完整意义。单字母信号用于最紧急、最重要或最常用的内容，并适用于任何通信方法。

A：我下面有潜水员，请慢速远离我。

B：我正在装卸或载运危险货物。

C：是（肯定或“前组信号的意义应理解为肯定的”）

D：请让开我；我操纵困难。

E：我正在向右转向。

F：我操纵失灵；请与我通信。

G：我需要引航员（在渔场附近由正在作业的渔船使用时，它的意思是“我正在收网”）。

H：我船上有引航员。

I：我正在向左转向。

J：我船失火，并且船上有危险货物，请远离我。

K：我希望与你通信。

L：你应立即停船。

M：我船已停，并且已没有对水速度。

N：不（否定或“前组信号的意义应理解为否定的”。这个信号仅可用视觉或声响信号发出。在用话音或无线电发送这个信号时应该用“NO”字）

O：有人落水。

P：在港内表示本船将要出海，所有人员应立即回船。在海上由渔船使用时，意为“我的网缠在障碍物上”。

Q：我船没有染疫，请发给我进口检疫证。

S：我的机器正在开倒车。

T：请让开我；我正在对拖作业。

U：你正在临近危险中。

V：我需要援助。

W：我需要医疗援助。

X：中止你的意图，并注意我发送的信号。

Y：我正在走锚。

Z：我需要一艘拖轮（在渔场附近由正在作业的渔船使用时，客观存在的意思是“我正在放网”）。

三、双字母信号

双字母信号编排在“通用部分”，是《国际信号规则》中的主要组成部分。双字母信号码语是AA－ZZ1。

1. 信号码组的编排

由两个字母组成的双字母码语作为基本信号码语，在每页的左侧按AA～AZ，BA～BZ等排列下去，码语的右侧为信号意义。根据某些信号内容的需要，在某些基本信号码语后边加上数字（0～9），成为补充信号码语。

2. 译码方法

当收到信号码语后，按信号码语的字首，从码语书上角标有按英文字母顺序排列的信号码语中找到相应的码语，即可读到明语意义。

例如：

RY：当经过我（或发出信号的船）时，你应慢速行驶。

CP1：搜索各救助飞机正前来援助你。

DY4：船舶沉没处的水深是多少？

MD025：我的航向是 025 度。

OM　BPCA　A008　R10：用雷达测得 BPCA 轮的方位是 008 度，距离 10 海里。

XF L2130N G12230E：北纬 21 度 30 分，东经 122 度 30 分周围地区涌情预报如何？

GR C240 S18：前来救助你的船舶的操舵航向是 240 度，航速是 18 节。

四、三字母信号

三字母信号是以“M”字母为首的 3 个字母组成，按 MAA—MVU 顺序排列，全部是医疗部分的信号码语。

1. 三字母信号的组成

第一部分：请求医疗援助部分，MAA—MPR；

第二部分：医疗指导部分，MQB—MVU；

补充码表：医学术语表：

表 1 是躯体各部位名称，代号为 01～92；

表 2 是常见疾病名单，代号为 01～94；

表 3 是药物名单，代号为 01～38。

例如：MAK25：我有一个女性病人，年龄 25 岁。MBG09：胸部右侧感染。

2. 使用三字母信号的几点说明

(1) 在使用医疗部分通信时，只要有可能，请求者和指导者都应使用明语。即使是应用明语，也应尽可能依照信号码组的说明文字述出。

(2) 如遇语言隔阂，可使用信号码语。

(3) 在报告病况时，应仔细检查病人，并尽可能搜集情况，按下列顺序发信：

病人的现状—病史—症状、疾病或受伤的部位—特殊症状—已进行的初步治疗。

第四章

海上通信

第一节　海上通信基本知识

建立高效、可靠的海上通信网，对于有效地执行搜救任务、保障海上人命和财产安全、最大限度地满足全球海上安全运输生产发展的要求是十分重要的。由国际海事组织（IMO）开发实施的全球海上遇险与安全系统（GMDSS，Global Maritime Distress and Safety System）就是基于这一目的，随着通信技术和计算机技术的发展，该系统的功能将会不断加强。

IMO 于 1979 年 4 月在德国汉堡召开会议，认真讨论了海上遇险和安全通信的议案，并在反复协商的基础上，通过了《1979 年国际海上搜寻救助公约》，简称 SAR（International Convention Maritime Search and Rescue 1979）公约。该公约的宗旨是：对海上遇难者进行迅速有效的救助，沿岸国家在本国责任海域内负有搜救责任；同时为开展恰当的搜救业务，各有关国家间应就海难救助活动进行协调，建立世界性海难救助体制。为了有效地开展搜救活动，实施《1979 年国际海上搜寻救助公约》，建立一个采用最新技术的全球海上遇险与安全通信系统是非常必要的，因此，GMDSS 是服从于《1979 年国际海上搜寻救助公约》的全球性通信网，它是一个用于全球海上遇险、紧急、安全通信和常规通信的综合通信系统。

虽然无线电自 100 多年前首次在海上使用以来，已协助营救了数以万计的生命，但是陈旧的无线电系统在遇险与安全和常规通信方式上存在着严重的局限性，所以 IMO（当时称为 IMCO）在 20 世纪 70 年代充分认识到改善和发展该系统的必要性。在 1973 年 IMO 的全体成员国大会上通过了发展“全球海上遇险与安全系统”的决议，并得到了国际电信联盟（ITU）协作。随着 1979 年 SAR 公约的通过，正式确立了发展“全球海上遇险与安全系统”，当时还称为“未来全球海上遇险与安全系统”，即 FGMDSS。该系统的目的就是建立一个有助于海上航行安全的全球性通信网，并服从于国际海上搜救公约。此后，IMO 及相关机构开展了大量的组织与研究工作，从而加速了系统实施的步伐。1986 年在 IMO 的相关会议上，决定将“FGMDSS”中的“F”去掉，成为“GMDSS”。

一、全球海上遇险与安全系统（GMDSS）的概念

1. GMDSS 的基本概念

GMDSS 是一个庞大的全球性通信网，建立这个网络的目的是最大限度地保障海上人命与财产安全，将海上航行安全提高到一个新的水平。GMDSS 的实施是建立在现代电子技术、计算机技术和通信技术基础之上，它是对原海上遇险和安全通信系统的自然发展和完善，是现代海上通信发展的客观需要。

GMDSS 的基本概念是，一旦船舶遇险，能够立即向岸上搜救机构及附近航行船舶发出遇险信息，岸上有关搜救机构能够以最短的时间延迟进行协调的搜救活动，为此，GMDSS 提供了卫星和地面的遇险通信业务。但是发生海难后的搜寻救助，是在丧失了海上安全之后进行的，如何制定使之不发生这种事态的安全对策，不言而喻将尤为重要。因此，GMDSS 除具有遇险通信功能以外还有紧急、安全通信功能，并提供海上安全信息（航行警告、气象警告、气象预报及其他紧急安全信息）。当然，船舶通过 GMDSS 也能够可靠地完成日常的业务通信。GMDSS 的原理见图 4-1。

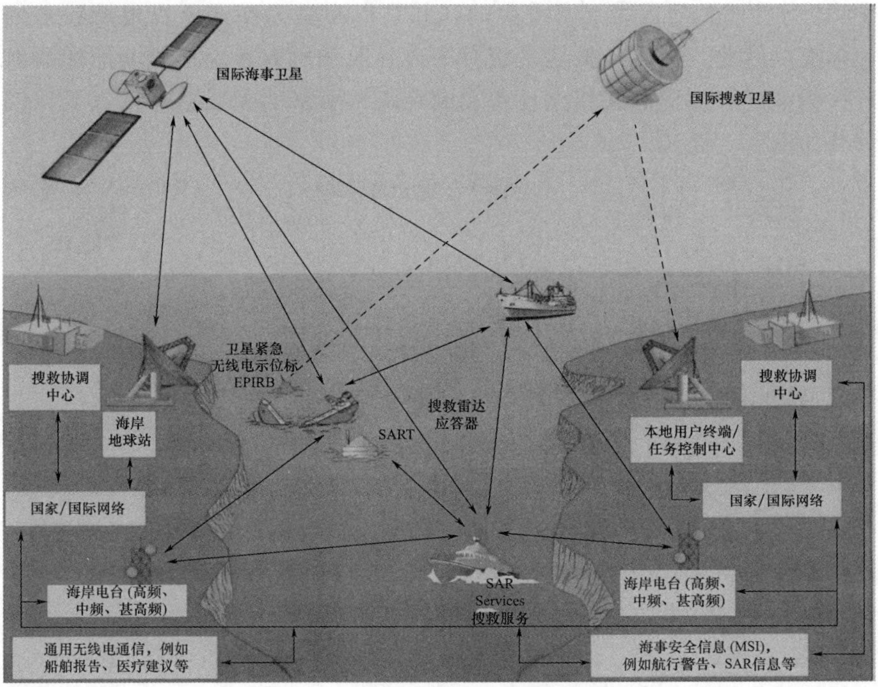

图 4-1 GMDSS 原理示意图

2. 海区的划分

按照 1974 年《国际海上人命公约》（SOLAS 公约）规定，船舶无线电设备是根据其吨位而配备的。而在 GMDSS 新系统中，船舶无线电设备的配备是根据船舶航行的海区来确定的。这是因为 GMDSS 全球通信网络中不同的无线电系统，在地理覆盖和所提供业务等方面都有一定的局限性。因此，GMDSS 主要根据以下四个海区来确定无线电设备的配备。

（1）A1 海区（由各国政府即 1974 年 SOLAS 公约签字国确定）

指至少有一个 VHF 海岸电台可以覆盖的区域，在这个区域内可以进行连续的数字选择性呼叫（DSC）报警与值守。

（2）A2 海区（由各国政府即 1974 年 SOLAS 公约签字国确定）

指除了 A1 海区以外的至少有一个 MF 海岸电台无线电话可以覆盖的区域，在这个区域内可以进行连续的 DSC 报警与值守。

（3）A3 海区

指除 A1、A2 海区外的，Inmarsat（International maritime satellite，国际海事卫星）静止卫星可以覆盖的区域，在这个区域可以进行连续的报警。

（4）A4 海区

指除 A1、A2 和 A3 海区以外的区域。

GMDSS 的四个海区是互不重叠的，并且以岸基为参照，以电波覆盖的有效范围为标准，因此，海区的概念是相对的。各船舶所有者应按照其船舶所航行的海域，按标准配备相应的无线电设备和满足资格要求的无线电通信人员。四个海区的划分如图 4-2 所示。

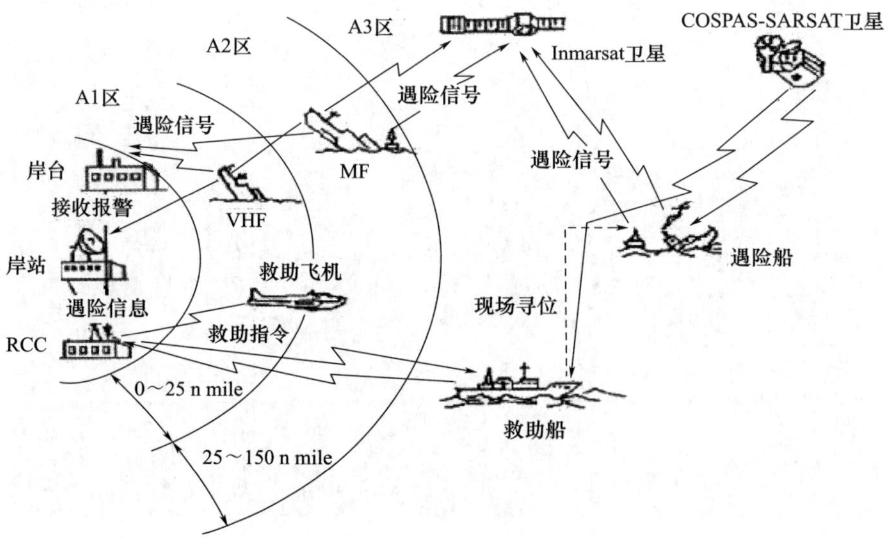

图 4-2　GMDSS 海区划分示意图

3. GMDSS 的组成

GMDSS 由地面通信系统和卫星通信系统组成，GMDSS 的功能就是通过这两大通信分系统实现的。其中，地面通信系统包括 MF/HF 无线电话系统、VHF 无线电话系统、数字选择性呼叫（DSC）系统、窄带直接印字电报（NBDP）系统、航行警告电传系统（NAVTEX）和现场寻位系统；卫星通信系统包括国际海事卫星通信系统（Inmarsat）和全球卫星搜救系统（COSPAS-SARSAT）。

4. 无线电人员

每艘船舶应配备有能胜任遇险与安全无线电通信的人员。这些人员应持有《无线电规则》规定的、并由主管机关颁发的适当证书。在遇险时，应指定其中任何一人主要担负起无线电通信的责任。

对执行 GMDSS 遇险和安全通信的无线电人员资格证书分设以下四类：

（1）一级无线电电子证书（First Class Radio Electronic Certificate）；

（2）二级无线电电子证书（Second Class Radio Electronic Certificate）；

（3）通用操作员证书（General Operator′s Certificate）；

（4）限用操作员证书（Restricted Operator′s Certificate）。

四类资格证书的适用范围为：

一级无线电电子证书、二级无线电电子证书适用于 A1、A2、A3、A4 海区航行的船舶；通用操作员证书适用于 A1、A2 海区航行的船舶及 A3、A4 海区航行的双套设备配备的船舶；限用操作员证书适用于 A1 海区航行的船舶。

二、GMDSS 的基本功能

原海上遇险和安全系统主要依靠中近距离船与船之间的报警，成功报警之后主要依靠船与船之间的救助。在 GMDSS 中，一旦船舶遇险可以使用多种手段迅速有效地发出报警，岸上搜救机构或遇险船附近的船舶能够及时获得报警信息，从而以最快的速度、最有效的方式进行搜寻救助。此外，GMDSS 还为在航船舶自动提供海上安全信息，以保证船舶航行的安全；同时系统充分利用现代通信手段更好地满足了船舶运营常规通信的需要，如话音、电传、视频及多种形式的数据通信，有效地提高了常规通信效率。GMDSS 的功能可归纳如下。

1. 遇险报警（Distress alerts）

在 GMDSS 中，遇险报警是三个方向上的，即船对岸报警、船对船报警和岸对船报警。

船舶一旦遇险应迅速而有效地向搜救协调中心（Rescue Co-ordination Center，RCC）和附近航行的其他船舶发出遇险信息。这些信息包括遇险船的 9 位数字识别号码（MMSI）、位置、遇险性质和其他有助于搜救的信息。RCC 收到报警后，一般通过海岸电台或海岸地球站将报警转发给搜救单位和遇险船现场附近的船舶，及时采取救助措施。这种全海域的遇险报警方式，具有成功率高、信息传输时间短、反应迅速等优点，因而提高了救助成功的可能性。

航行在A1海区的船舶，船对船和船对岸上电台的报警是在VHF的70频道上利用DSC发送的；航行于A2海区的船舶使用VHF DSC和MF DSC进行船对船和船对岸的报警；航行于A3海区和A4海区的船舶，船对船的报警仍然是依靠VHF DSC或MF DSC，而船对岸的报警是利用卫星通信船站或HF DSC。另外，在A1～A4海区，船至岸遇险报警发射也可通过卫星应急无线电示位标EPIRB（A1海区也可用VHF EPIRB）。

通常，遇险报警是由人工启动的，所有遇险报警的收妥也由人工发送。当船舶下沉时，漂浮式卫星EPIRB将自动启动发射。

搜救协调中心（RCC）在收到遇险报警时，可利用卫星通信系统将遇险报警转发到船舶地球站，也可使用地面通信系统，在适当的频率上将报警转发到其他船舶电台。为避免大范围海区的船舶接收到遇险报警，通常发送“区域呼叫(area call)”，仅使遇险事件附近的船舶能接收到报警转发。在接收到遇险报警的转发后，要求在遇险海区附近的其他船舶与有关的搜救协调中心建立通信，以便协调援助。

2. 搜救协调通信（SAR co-ordinating communication）

搜救协调通信是指在收到遇险报警后，搜救协调中心RCC与遇险船及参与救助的船舶、飞机、陆上其他有关搜救中心和搜救机构进行搜救的直接通信，同时也包括搜寻协作的船舶与飞机进行协作救助所必要的通信。

为了进行搜救活动，不能像遇险报警那样，一般只是单方向的特定通信，而必须能够双向传输信息。搜救协调通信通常利用无线电话和电传来传递搜救协调通信的电文。根据不同海区的船载设备和不同事故发生的海区，可以使用地面通信频率或卫星通信方式进行协调通信。

3. 现场通信（On-scene communication）

现场通信一般是使用无线电话或无线电传在中频（MF）和甚高频（VHF）频带内指配给遇险和安全通信的频率上进行的。这一类通信是遇险船与救援者之间为向船上提供援助和救助生存者的通信。飞机参与现场通信时，通常使用3023 kHz、4125 kHz和5680 kHz频率进行。此外，搜救飞机配备的设备可在2182 kHz和/或在156.8 MHz以及其他海上移动通信频率上进行通信。

4. 寻位（Locating）

寻位是指发现并找到遇险船舶或其救生艇（筏）或幸存者。在GMDSS中，遇险船舶或幸存者利用9 GHz搜救雷达应答器来进行位置标识。当雷达应答器被搜救单位的9 GHz雷达触发信号触发时，在搜救单位的雷达荧光屏上就会显示遇险船舶或幸存者的位置。

5. 海上安全信息的播发（Promulgation of Maritime Safety Information）

为了船舶航行安全，船舶需要接收最新的航行警告、气象警告和气象预报以及其他紧急海上安全信息（MSI）。海上安全信息是通过“国际 NAVTEX 业务”（在 NBDP 的 518 kHz 上用 FEC 方式）和“国际安全通信网业务”（经 Inmarsat-C 卫星系统的卫星广播）播发的。

6. 常规（无线电）通信

常规通信是指遇险、紧急、安全通信以外船舶业务及公众业务通信，即船舶与岸上的管理部门、用户进行有关管理、调度、货物及个人方面的通信。常规通信在近距离时往往使用 VHF，在中、远距离时使用中、高频进行，也可以使用 Inmarsat 卫星通信。

7. 驾驶台对驾驶台通信

驾驶台对驾驶台通信是船舶之间的 VHF 无线电话通信，这种通信是在狭水道和繁忙水道中航行的船舶所必需的，这种通信传递有关航行安全等避让信息，同时也包括水上交通管理系统中 VHF 通信。

三、海上通信优先等级划分

为了保障海上移动通信的畅通，尤其是当一个移动单元需要紧急救助时能够快捷、安全地和相关机构保持联系，国际电信联盟将海上通信划分为遇险、紧急、安全和常规四个优先级别。

在 SOLAS 公约中，不仅为 GMDSS 定义了海区的概念，而且还为每个海区的船舶应该装备的无线电报警设备作出了详细的规定。国际电信联盟发布的《无线电规则》为遇险、紧急和安全通信划分了特定的频率，并制定了严格的通信程序。

四、安全信息基本内容及播发方式

1. 安全信息基本内容

GMDSS 的宗旨是最大限度地保障海上人命与财产安全，海上安全信息（MSI，Maritime Safety Information）的播发与接收是 GMDSS 几项功能之一。很明显，向海上船舶广播海上安全信息的主要目的就是预防或减少海上事故的发生，它对船舶航行安全起着非常重要的作用。伴随在航船舶需求的增加和各方面技术水平的日新月异，海上安全信息的范畴有了较大变化。

在 GMDSS 中主要涉及七种海上安全信息：航行警告、气象警告、冰况报告、搜救信息、气象预报、引航业务（不包含美国）和电航信息系统的更正信息等。这七种 MSI 信息可分为航警信息、气象信息和搜救信息三大类，每类信息都有专门的信息提供者和自己的协调机构，三类信息汇总于一个总协调中心，根据需要经不同的系统播发。信息提供部门必须经国际海事组织（IMO）、国际水道测量组织（IHO）、世界气象组织（WMO）以及各国相关主管机关认可。海上安全信息业务是一个国际性的协作业务，涉及安全信息的搜集、汇总、协调播发等多个环节。

2. 安全信息播发方式

SOLAS公约要求每一艘“SOLAS船舶”必须符合关于接收海上安全信息广播的规定：

值守：在航船舶必须在相关海上安全信息广播的频率上保持值守。

登记：每一艘“SOLAS船舶”应该在船舶电台日志中记录接收海上安全信息的时间和其他识别信息，并应该打印、保留所有与遇险通信有关的电文。

除了上述要求之外，IMO还建议船舶驾驶台应该保留所有有效的航行及气象信息，供航行值班人员使用。

（1）主要播发手段

所有国际海上安全业务信息使用英语印刷和广播（有时本地语音会附加在英语之后）。在GMDSS中，MSI主要通过下面两个系统播发：

①NAVTEX系统：该系统主要提供国际NAVTEX业务。信息提供者把信息转发到特定区域的518 kHz中频NAVTEX发射台。注意，中频NAVTEX信息的接收限制在发射台附近的海域。

②EGC（Enhanced Group Call，强化群呼）系统：该系统主要提供国际安全网业务。信息提供者把信息转发到特定区域的地面站，地面站通过网络协调站经过卫星向自己负责的洋区广播。因此，大洋航行的船舶，无论距离地面站和信息提供者多远，都可以接收到海上安全信息。

（2）辅助播发手段

尽管根据SOLAS公约第4章“无线电通信”的要求，当船舶航行在没有NAVTEX播发台覆盖的海域时可以通过EGC系统的SafetyNET（安全网）业务获得MSI，但是国际海事组织从保障海上人命和财产安全的角度出发，积极鼓励沿岸国主管机关为船舶提供其他发送方式的警告和常规预报，作为国际NAVTEX业务和安全网业务的有益补充，主要包括如下内容。

①无线电传真图：包括气象图、冰况图以及其他航海者感兴趣的资料；

②无线电气象以及航行警告业务：有一些海岸电台通过甚高频、中频和高频无线电话和电传向海上船舶播发无线电气象和航行警告信息。

总之，上述所有的方式都有益于保障海上人命安全。但是各种播发方式的责任区域各有侧重，NAVTEX系统主要负责A1、A2海区MSI业务的播发；EGC系统通过Inmarsat卫星转发，尽管在A1、A2、A3海区都可以收到EGC系统的MSI信息，但该系统主要负责较远海域MSI业务的播发，某些没有NAVTEX业务的近岸海域（如澳大利亚沿海地区），可以通过EGC系统业务实现海上安全信息的收发；甚高频、中频和高频无线电话和电传对于A1、A2、A3和A4海区起到完善和补充作用，尤其HF的NBDP系统很好地覆盖了A4海区，它采用了NBDP CFEC（集群式FEC方式，即接收台多于1台）播发方式。

五、我国海上搜救通信机制

GMDSS已于1999年2月1日在全球全面实施。在我国，依据SOLAS 74/88公约的要求，所有公约船均于1999年2月1日前安装了新的通信设备，岸台（站）的改建和搜救通信网的建设也已基本完成，并已开始运行。在机构设置上，为适应GMDSS的实施等需要，交通部成立了海事局，下设中国国家搜救协调中心（RCC）。考虑到我国海岸线长（约18000 km），海上环境和救助条件变化较大的特点，在每个设有DSC系统岸台所在地的海监局设置救助分中心RSC。中国RCC除了与国外RCC经国际公网相连外，还与北京地面站以专线相连，各RSC均设有DSC/NBDP/SSBRT或DSC/RT控制台，并分别与所在地的岸台以专线或热线方式相连，各RSC间、RSC与RCC间以及RCC/RSC与搜救单位间均以拨号方式相连，构成了我国的搜救通信网。在体制上，各RSC基本上设在相应港口的海监局通航处，只有少数设在当地政府。在岸站建设中，自1991年6月3日北京岸站开通并提供A系统业务以来，到1998年底，满足GMDSS要求的B和C系统均已开通，2003年10月，又开通了F站业务，这标志着中国已跨入国际移动卫星通信领域先进行列。另外，我国的低近极轨道搜救卫星地面用户终端(LEOLUT）和任务控制中心（MCC）也已经建成并投入使用，MCC设置在中国海上搜救中心MRCC（Maritime Rescue Coordination Center），MRCC负责组织、协调、指挥搜救行动，日常工作由交通部海事局承担。

目前，我国版图上有三套搜救系统：

北京系统——覆盖除中国台湾以外的我国所有陆地和大部分海域。

香港系统——覆盖北京系统无法覆盖的我国南部海域和岛屿。

台湾系统——覆盖全部台湾岛和环岛的周边海域。

香港系统在北京系统之前建立，由香港特别行政区海事处负责运行和管理；台湾系统的建立几乎与北京系统同步，由台湾民航部门管理。

我国海上搜救力量主要由专业救助力量、中央有关直属部门和地方部门及军队的力量，以及各港口、企事业单位和航行于我国水域的大量商船和渔船组成。1980年，交通部成立了救助打捞局，并分别在烟台、上海、广州组建了3个专业的救助打捞局，在秦皇岛、天津、烟台等17个重点港口设立了救助站。目前，在我国根据季节情况，各救助站随时待命，在天津、荣成、烟台、连云港、上海、宁波、温州、厦门、汕头、广州、湛江、海口、北海、三亚等地值班的专业救助船舶有20艘左右，在大连、烟台、上海、厦门、湛江等地建立了交通部海上救助飞行队，初步完成了我国专业立体救助网。2000年在中国沿海主要城市还开通了12395公众海上险情报警电话。总之，我国的搜救体系正在日渐完善，在国际上扮演着越来越重要的角色。

第二节 海上通信设备

一、海上设施常见的通信设备

1. 地面通信系统

地面通信系统主要工作在MF、HF和VHF频段，用于近、中、远距离的遇险、紧急、安全和常规通信，从而实现GMDSS的功能。该系统由船舶电台、海岸电台和与岸台连接的国际/国内陆地公众通信网或专用通信网组成，海岸电台相当于船舶电台与陆地通信网用户的接口，起到有线通信与无线通信转接的作用。地面通信系统的船用通信设备主要包括：

（1）MF/HF通信设备，其中包括单边带无线电话、DSC、NBDP、DSC值守接收机；

（2）VHF通信设备，其中包括VHF无线电话、DSC、DSC值守接收机；

（3）NAVTEX接收机；

（4）搜救雷达应答器（SART）或自动识别搜救发射器（AIS-SART）；

（5）VHF CH70应急无线电示位标（VHF EPIRB）；

（6）便携式VHF双向无线电话设备。

VHF无线电话和单边带无线电话用于船岸间及船舶间近、中、远距离无线电话的遇险、安全和常规通信。DSC设备和NBDP设备是地面通信系统的数字化通信终端。DSC终端与导航星全球定位系统（GPS）相连，船位等信息可自动输入，船舶采用DSC终端在MF、HF和VHF频段可实现遇险报警、遇险转发、遇险确认，同时它也是船与船之间、船与岸之间建立常规无线电通信的一种可靠呼叫手段。NBDP终端采用自动通信技术，占用较窄的通信频带，在遇险、安全和常规通信中可通过MF、HF频段实现无线电传的自动收发。

NAVTEX接收机用于接收NAVTEX系统播发的海上安全信息。沿海近距离的海上安全信息是通过NAVTEX系统播发的，各国主管部门依据IMO的相关规定，设立相应的海岸电台，在518 kHz频率上向400 n mile以内海域的船舶用英语按时播发海上安全信息，船上的NAVTEX接收机自动接收并打印；也可在其他规定的频率上使用本国语言进行安全信息的播发与接收。NAVTEX系统的业务主要是针对A1、A2海区开放的。远距离的海上安全信息是通过NBDP系统在HF频段（4209.5 kHz）播发的，该系统主要服务于A4海区，船上采用

NBDP设备或具有该工作频率的NAVTEX接收机在相应的频率上自动接收。A3海区的海上安全信息业务由Inmarsat的EGC系统提供。

用于现场示位的搜救雷达应答器（9 GHz SART）可人工或自动启动，由遇险目标携带。当救助船舶或飞机上的雷达发射信号触发SART时，它将发出应答信号，并在救助船或飞机的雷达屏幕上显示出遇险目标的位置，从而对遇险者实现迅速的救助。同时，受雷达信号的触发，SART上将有听觉和视觉指示，用于提醒幸存者有救援人员已接近出事现场，从而增强幸存者获救的信心，或利用AIS-SART通过AIS系统确定遇险目标的位置。

VHF CH70应急无线电示位标（VHF EPIRB）可替代VHF频段的DSC设备，主要用于A1海区船对岸的遇险报警，也可用于船对船的近距离报警。便携式VHF无线电话设备用于救助现场的近距离无线电话通信，遇险时可由船舶、救生艇（筏）上的人员携带。

在地面通信系统中，船舶为了实现有效的遇险、安全和常规通信，应根据通信双方距离的不同，恰当地选择不同波段的无线电通信频率和通信手段（电话、电传），以达到最佳的通信效果。

2. 卫星通信系统

国际海事卫星组织（Inmarsat）成立于1979年，是一个运营全球卫星移动通信的国际合作组织，它通过卫星提供海事救援、安全通信和商业通信。1982年Inmarsat系统正式投入运行。组建Inmarsat最初的目的是改善海上通信，尤其是保障海上安全，提供全球海事移动卫星通信服务。但是，随着卫星通信技术和通信网络的发展与完善，Inmarsat的服务领域和业务范围也在不断扩大，通信功能进一步增强。Inmarsat于1985年开始把航空移动通信纳入业务范围，并逐渐提供全球性的航空移动卫星通信服务。1989年Inmarsat把业务从海、空扩展到了陆地，向陆地用户提供多种通信服务，从而真正实现了全方位的全球移动卫星通信服务。从Inmarsat系统正式投入运行至今，满足GMDSS要求的卫星通信系统有Inmarsat-A/B/C/E/F五个系统，每一系统空间段是相同的，但各系统的地面设施（地面站和船站）是不相同的，每种船站具有不同的识别码。

1991年Inmarsat-C系统正式推出，该系统提供电传和低速数据传输业务，此外，还具有增强群呼、车船队管理、数据采集和E-mail等业务。这种船站终端和天线体积小，安装调试简单，通信费用便宜，适用领域广，所以得到了广泛的应用，并在海陆通信市场上将继续发挥其优势。

2002年，为了满足海上通信发展的需要，改善海上通信环境，Inmarsat正式推出了Inmarsat-F系统，该系统提供语音、传真和数据通信业务。它的最大特点是把ISDN（Integrated Service Digital Network，综合业务数字网）和MPDS（Mobile Packet Data Service，移动包交换数据业务）技术用于海上移动通信。通过移动ISDN和MPDS业务能够快速、方便地连接到Internet，达到与LAN或WAN网直接互联的目的，使移动站就像公司总部里的一个办公室，真正实现海上移动通信与陆地通信的一体化。通过F系统的移动ISDN业务还可进行高质量的语音通信、高速传真和其他增值业务。此外，F系统还完全符合IMO关于GMDSS的新决议条款，是目前唯一满足该条款的卫星通信系统。

Inmarsat从当初仅为海上用户提供服务到如今可向陆、海、空全球范围内的用户提供通信服务，并从模拟通信逐步发展到全数字化通信和卫星多媒体通信，从而使传统的信息处理方式和通信手段发生了变化，高效、快捷、共享信息资源的卫星通信网已经给各种用途的用户带来了巨大的方便和效益，同时也将继续得到更广泛的应用。

3. AIS系统

船舶自动识别系统（Automatic Identification System，简称AIS系统），由岸基（基站）设施和船载设备共同组成，是一种新型的集网络技术、现代通信技术、计算机技术、电子信息显示技术为一体的数字助航系统和设备。船舶自动识别系统（AIS）诞生于20世纪90年代，由舰船、飞机之敌我识别器发展而成。AIS系统配合全球定位系统（GPS）将船位、船速、改变航向率及航向等船舶动态信息结合船名、呼号、吃水及危险货物等船舶静态资料由甚高频（VHF）向附近水域船舶及岸台广播，使邻近船舶及岸台能及时掌握附近海面所有船舶之动静态资讯，得以立刻互相通话协调，采取必要避让行动，有效保障船舶航行安全。

AIS的正确使用有助于加强海上生命安全、提高航行的安全性和效率，以及对海洋环境的保护。AIS的功能有：

（1）识别船只；

（2）协助追踪目标；

（3）简化信息交流；

（4）提供其他辅助信息，以避免碰撞发生。

AIS加强了船舶间避免碰撞的措施，增强了ARPA雷达、船舶交通管理系统、船舶报告的功能，在电子海图上显示所有船舶可视化的航向、航线、船名等信息，改进了海事通信的功能，提供了一种与通过AIS识别的船舶进行语音和文本通信的方法，增强了船舶的全局意识，使航海界进入了数字时代。

二、常用通信设备操作

1. VHF（甚高频）无线电话

FURUNO FM-8800船用VHF甚高频电台是日本FURUNO（古野）公司设计生产的甚高频设备，包含了1个收发信机模块和2幅天线，收发信机包括

VHF 发射机、接收机和 70 频道值守机，如图 4-3 所示。该设备最多可以连接 4 个遥控手柄。

图 4-3 FURUNO FM-8800 外观

(1) FURUNO FM-8800 操作简介

开、关机及音量调节： 打开直流电源开关，顺时针旋转主收发机上的［VOLUME/POWER］旋钮，把扬声器调整到适当的音量并开机；逆时针旋转该旋钮至终点即可关机。

静噪调节： 音量调整好后，顺时针慢慢旋转［SQUELCH］旋钮，直到噪声消失；通常，逆时针旋转该旋钮至终点，可设置在自动调节静噪状态（AUTO）。

开启/静音扬声器： 按［SHIFT］＋［1］键，可关闭或者接通扬声器；关闭时如果收到遇险呼叫或者紧急呼叫，可激活扬声器，发出报警声。

亮度、对比度调节： 按［SHIFT］＋［2］键调节亮度，共 3 挡亮度；按［SHIFT］键，然后旋转［CHANNEL］旋钮，可调节对比度。

自测试： 按［SHIFT］＋［TEST/3］键。同时［DISTRESS］键上红色指示灯亮；［ALARM］键上红色指示灯亮，并发出报警声。

打印： 按［SHIFT］＋［PRINT/6］键，可以打印通信文件、当前显示以及日常测试结果。

声音报警： 当收到遇险报警或者其他 DSC 呼叫，将有声光报警。对于遇险或者紧急呼叫，按［CANCEL］键，取消声音报警；而对于其他呼叫，蜂鸣 2 min 后自动停止。

双值守： 先选择非 16 信道，然后按［SHIFT］＋［DW/9］键进行双信道值守。按［CH16］键或者再按［SHIFT］＋［DW/9］键停止双值守。

发射功率选择： 按［SHIFT］＋［HI/LO/0］键可以选择发射功率，高功率为 25 W，屏幕显示“Hi”；低功率为 1 W，屏幕显示“Lo”。国际信道的 CH15、CH17、CH75、CH76 功率默认为 1 W。

改变信道模式： 按［SHIFT］＋［INTL/USA/7］键，可以在 ITU 信道和内存信道之间转换。

查看通信记录：按［LOG］键，可以调看接收到的普通呼叫（RCVD ORDINARY）、遇险呼叫（RCVD DISTRESS）和发射过的呼叫（TRANSMITTED）记录。

（2）主收发机显示屏内容

主收发机显示屏显示内容如图 4-4 所示，此界面上各个数字区的功能如下：

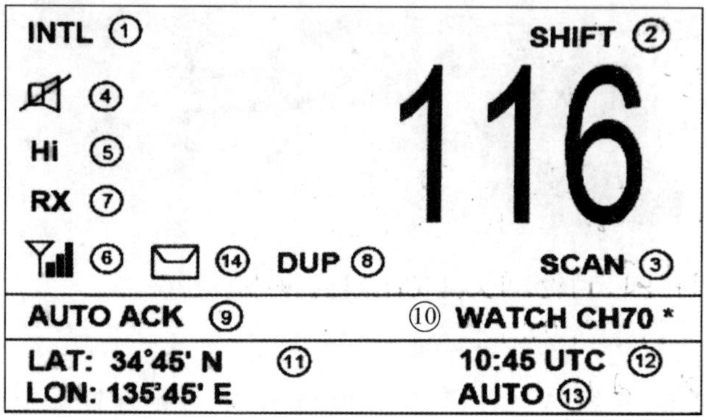

图 4-4　主收发机显示屏显示内容

①信道模式：国际信道 INTL 与内存信道 MEMO；

②按［SHIFT］键使用第二功能时，右上角出现“SHIFT”，持续 2～3 s；

③信道扫描模式：SCAN 表示扫描内存信道，DUAL 表示双值守；

④扬声器通断；

⑤发射机功率：高（25 W）Hi，低（1 W）Lo；

⑥信号强度指示；

⑦收发模式：RX 表示接收，TX 表示发射；

⑧当前信道类型：DUP 表示双工，SIMP 表示单工；

⑨DSC 的应答方式：AUTO ACK 表示自动应答，MANUAL ACK 表示人工应答；

⑩值守 CHFDSC CH70 信道；

⑪当前船位显示（经纬度）；

⑫当前 UTC 时间；

⑬船位输入模式：AUTO 表示自动输入，MANUAL 表示人工输入；

⑭收到 DSC 电文，未读，显示信封标志。

（3）快速遇险报警

遇险事件来得很突然时，可打开图 4-3 中 VHF 控制面板上的遇险报警键钮的盖子，按下［DISTRESS］键 3 s 以上进行快速遇险报警。

（4）VHF DSC 遇险收妥

①收到遇险报警时，会听到报警提示音，先按［CANCEL］键停止音频报

警，再按［ENT］键，选择“DISTRESS ACK”项，然后按［CALL］键3 s发射遇险收妥信号。遇险收妥发出后，回到待机界面，并自动转到CH16信道。

②收到遇险报警后如果不发遇险收妥按［CANCEL］键3次，或者按［CANCEL］键2次，然后按［ENT］键，也显示待机界面。

（5）进入遇险通信

本船发出遇险报警，收到遇险收妥后按［CANCEL］键取消报警音转入CH16，进行遇险通信。遇险通信后屏幕下方显示“DISTRESS MODE”遇险模式，需关机再开机，可恢复正常模式。

（6）VHF DSC遇险转发

①IMO已经规定，收到VHF和MF DSC遇险报警船舶不允许转发。当遇险船不能自己发射报警；或非遇险船的船长或者负责人，或海岸电台的负责人认为对遇险船有必要进一步帮助时，可以进行遇险转发。

②按［CALL］键，在呼叫类型中选择“RELAY SEL”可以把遇险报警转发给海岸电台；选择“RELAY ALL”把遇险报警转发给所有电台。

（7）取消误报警

本船发出误报警后，首先立即关闭设备，然后重新开机，并切换至CH16广播以下信息：

All Stations（所有电台），All Stations，All Stations，

This is VESSEL'S NAME（船名），CALL SIGN（呼号），DSC NUMBER（数字选择呼叫号码），POSITION（船位）.

Cancel my distress alert of DATE，TIME，UTC.（取消我的××日期××时间发出的遇险报警）

Master（船长），VESSEL'S NAME，CALL SIGN.

DSC NUMBER，DATE，TIME UTC.

（8）VHF安全呼叫与安全通信

使用VHF设备进行安全呼叫与安全通信有两种方式：

①使用DSC呼叫

按面板［CALL］键，选择呼叫类型，然后输入对方识别码，选择“SAFETY”优先等级，根据提示继续操作。发出呼叫后转入CH16进行安全通信。

②使用电话呼叫

按面板［CH16］键，直接发起安全呼叫并通信，注意冠以“SECURETY”信号。

（9）VHF常规呼叫和常规通信

使用VHF设备进行常规呼叫和常规通信有两种方式：

①使用DSC呼叫

按面板［CALL］键，选择呼叫类型，然后输入对方识别码，选择“ROUTINE”

优先等级，根据提示继续操作。发出呼叫后，转入约定的信道，进行常规通信。

②使用电话呼叫

按面板［CH16］键，首先发起呼叫，播发引语后，约定一个信道，转到该信道进行通信。

（10）查询呼叫

按面板［CALL］键，选择“POLLING”项，在“SHIP ID”项中输入对方船舶的识别码，选择优先等级，按［CALL］键 3 s 发出呼叫，然后等待应答。如果能收到对方船舶的应答，可以确认对方船舶在本船舶的通信范围内，可以与之正常通信。

查询呼叫主要用于查询某船是否在本船通信范围内，接收到响应后表示可以与之通信。这种呼叫仅可查询一条船。

（11）常规 DSC 呼叫

按面板［CALL］键，在“CALL TYPE”中选择呼叫类型，根据需要输入对方识别码，选择“ROUTINE”优先等级，根据提示，约定后续通信信道按［CALL］键 3 s 发出呼叫，然后等待应答。

（12）船用 VHF 设备测试

①按规定 VHF DSC 应每日进行一次自测试。

②VHF CH70 信道禁止发射 DSC 测试呼叫。但可以在本船两台 VHF 设备间进行一个单台常规 DSC 呼叫，以验证通信功能。呼叫时尽量采用小功率进行。

（13）船用 VHF 设备的维护

①检查天线的连接是否正常。检查连接点是否松动，检查绝缘性能和防水性能。

②检查 VHF 设备外设终端（话筒、打印机、GPS 等）的连接，避免松动虚接。

③驾驶台的两台 VHF 经常轮换使用，定期检查话筒，定期清洁面板。

④注意话筒放置在话筒架上，防止话筒坠地损坏和话筒线扭曲折断。

⑤经常检查设备交直流电源工作情况。

⑥按规定进行设备自测试，两台设备间通信测试时尽量选用小功率。

⑦定期检查 VHF 稳压电源（2 组：AC 220 V/DC 24 V）输出是否正常。

⑧定期检查天线（2 根）连接是否牢固，固定支架是否良好。

⑨定期做自测试。

⑩使用 VHF 设备在无线电话频率上与附近岸台进行呼叫，确认通信质量。

⑪船舶 2 台 VHF 设备间进行单台常规呼叫，确认 DSC 呼叫功能。

⑫经常检查 VHF 设备交直流电源（备用电源）转换情况。

⑬定期检查与导航仪的连接情况；DSC 的船位是否能够自动更新；如不能自动更新，一般失去 GPS 信息 1 min 后设备会给出报警；如改为人工输入船位，应不超过 4 h 更新一次。

⑭VHF线电话使用登记簿由驾驶员或使用人员直接填写，要求每次通话结束后，将有关通话内容和航行锚泊期间每班值守的情况摘要记录在“通话内容摘要”栏内，并在“签字”栏内签署姓名。当进行有关遇险、紧急、安全以及重大事件方面的通信时，应详细记载通话内容和过程，并有船长签署或加签。

2. VHF 双向无线电话

(1) 一般要求

①救生艇上配备 3 对 VHF 双向无线电话。

②双向无线电话在 156 800 MHz、CHF16 频道工作，并且至少还能增加 1 个工作频道。

③双向无线电话由电池提供电源，要求在启动 5 s 内就能工作，至少可以连续工作 8 h。

(2) 各组成部分简介（图 4-5）

①天线

用来发射无线电射频。

②PTT 按键

发话时按 PTT 键，进行通信。

③H/L（高/低）键

用来选择输出功率的高低，H（2 W）或 L（0.5 W）。

④▼（向下）键

从当前频道直接往下选择所需的频道。

⑤↵（回车）键

允许进入可选菜单，并对所选的频道或设置进行确认。

⑥▲（向上）键

从当前频道直接往上选择所需的频道。

⑦SQ（静噪）键

调节静噪电平。

⑧显示屏

显示频道号、当前的电池状态、所选功能等。

图 4-5 便携式 VHF 双向无线电话

⑨麦克风

位于扬声器的右下部。在发话时，麦克风应离嘴 5～7 cm。

⑩扬声器

位于设备前面板的上部。

⑪外接耳机/麦克风

外接耳机/麦克风通过此插孔连接。

如果外接了耳机/麦克风，则内部的麦克风和扬声器被断开。

⑫电源开关和音量控制旋钮

作为电源开关（ON/OFF）用。如果电源为ON（开）状态，可用此来调整音量。

⑬CH16键

在设备顶端，可以快速转为16频道。

⑭TX/RX（发/收）指示灯

用红灯和绿灯分别表示发射和接收状态。

（3）一般操作

①电源开/关

顺时针旋转电源开关和音量控制旋钮，开启设备电源。几秒钟后，频道号和可用的电池容量等会显示在初始屏幕上。关闭时，逆时针旋转电源开关和音量控制旋钮至关机位置即可。

②频道选择

用前面板上的▲/▼（向上/向下）键来设置所需的频道号。选好所需的频道后，按↵（回车）键所选的频道被设置好。16频道可直接按电话顶部天线旁边的CH16键来设置。

③静噪电平调整

顺时针或逆时针旋转SQ（静噪）键，转到某一位置噪声消失时停止。

④发射功率选择

发射功率可选择H（2 W）或L（0.5 W），按H/L键即可进行高/低转换。

⑤音量调整

要调整接收音量，旋转电源开关和音量控制旋钮至所需位置。顺时针旋转提高音量，逆时针旋转则调低音量。

⑥发射

要发射时，按设备上的PTI键，设备前面顶部的TX/RX指示灯变红，将麦克风对准自己的嘴巴讲话。停止讲话，释放PTI键，机器返回待机状态。

⑦接收

不需要任何键即可在设置频道上接收信号。当检测到信号时，TX/RX指示灯变绿。

⑧双重值守（DAUL WATCH）

该功能允许紧急通信用的16频道和当前正在使用的频道同时接收。按[DW]键设好双重模式后，当前频道号和16频道号交替显示在屏幕上，这不会给当前频道的通信带来任何影响。

3. NAVTEX接收机

（1）简述

NX-700 NAVTEX接收机由日本古野公司生产，该设备由显示单元

(NX-700 A or B)、接收单元（NX-7001）、天线单元（NX-7H）构成，电源输入为 12～24 V 直流电源。

主要技术指标如下：

接收频率：518 kHz/490 kHz；

天线输入：有源天线；

信号处理方式：7 单元恒比码；

打印类型：热敏型；

打印纸：热敏 58 mm×30 m；

电源输入：DC 12～24 V。

（2）操作面板功能键介绍

NX-700 显示单元操作面板如图 4-6 所示，由 10 组触摸开关和液晶显示屏组成。

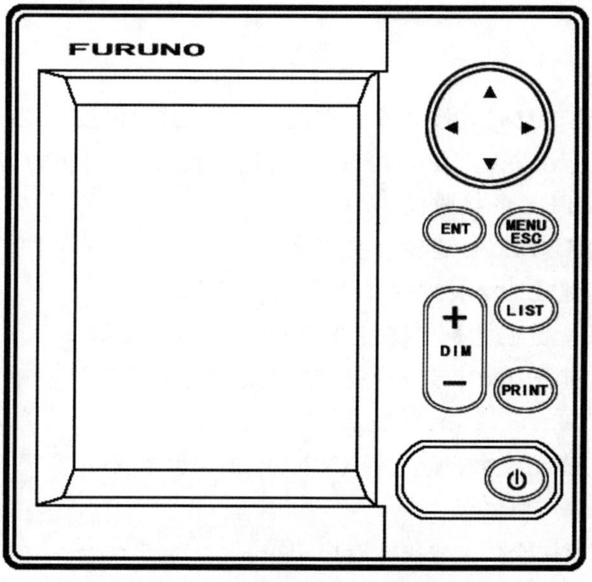

图 4-6 NX-700 显示单元操作面板

各按键功能如下：

［◀］或［▶］键——左移或右移键

［▲］或［▼］键——上移或下移键

［DIM］键——面板照明亮度调节键

［MENU/ESC］键——主功能键或退出键

［ENT］键——确认键

［PRINT］键——打印键

[LIST] 键——菜单键

[⏻] 键——开关机键

(3) 常用操作

①开机

按 [⏻] 键开机，有“BEEP”的开机响声，开机后对设备的只读存储器(ROM)、随机存储器 (RAM) 及设备的程序版本检测。检测完毕后，设备进入正常接收状态。

②调整 LCD 的亮度

用 [DIM] 键的＋/－调节显示屏的亮度。

③确认接收到新信息

• 搜救信息

当你接收到搜救信息时，设备会发出警报声，显示搜救信息的内容，按任意键进行消音。

• 其他信息

当接收到其他信息时，按 [◀] 键选择“YES”，再按 [ENT] 键读取信息；选择“NO”，按 [MENU] 键，再按 [ENT] 键关闭信息窗口。

④选择 NAVTEX 的接收模式

• 按 [MENU/ESC] 键显示主菜单。

• 按 [▲] 键或 [▼] 键选择“NAVTEX”。

• 按 [ENT] 键或 [▶] 键打开“NAVTEX”菜单。

• 按 [▲] 键或 [▼] 键选择接收模式，再按 [ENT] 键或 [▶] 键显示接收模式选项。

• 按 [▲] 键或 [▼] 键选择 INS、Auto 或 Manual 模式（正常为 Auto 模式），再按 [ENT] 键确定。

• 按 [MENU/ESC] 键数次退出菜单。

⑤选择 NAVTEX 的本地频率

• 按 [MENU/ESC] 键显示主菜单。

• 按 [▲] 键或 [▼] 键选择“NAVTEX”。

• 按 [ENT] 键或 [▶] 键打开“NAVTEX”菜单。

• 按 [▲] 键或 [▼] 键选择本地频率 (Local frequency)；然后按 [ENT] 键或 [▶] 键显示本地频率选项。

• 按 [▲] 键或 [▼] 键选择 490 kHz 或 4 209.5 kHz，然后按 [ENT] 键确定。

• 按 [MENU/ESC] 键数次，关闭 [MENU] 菜单。

⑥发射台和报文种类的设置

• 按［MENU/ESC］键显示主菜单。

• 按［▲］键或［▼］键选择“NAVTEX”，然后按［ENT］键。

• 按［▲］键或［▼］键选择 Rcv Station & Msg 或 User Select Station & Msg 模式。

• 按［ENT］键打开编辑窗口，如图 4-7 所示。

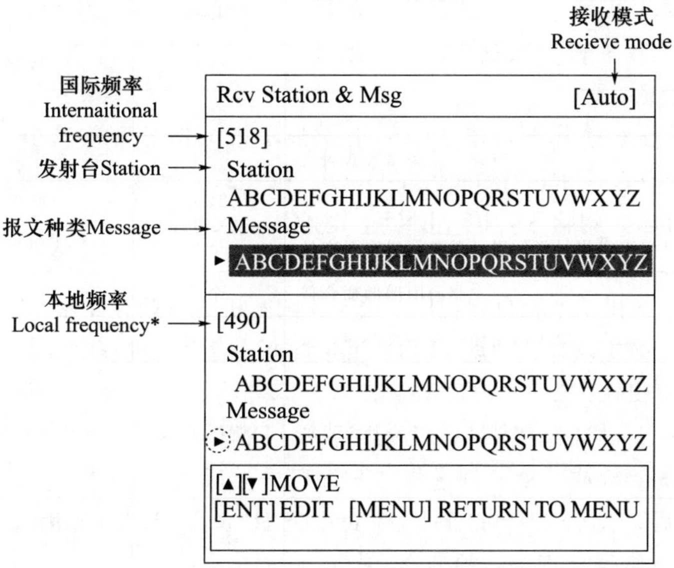

图 4-7 编辑窗口

• 按［▲］键或［▼］键移动光标至发射台（Station）选择项，然后按［ENT］键显示台名（字母）选择窗口。

• 按［◀］键或［▶］键选择某台名（字母），然后按［▲］键或［▼］键选择接收（字母大写）或拒收（—），设置完毕按［ENT］键进行确认。

• 按［▲］键或［▼］键移动光标至报文种类（Message）选择项，然后按［ENT］键显示报文种类（字母）选择窗口。

• 按［▲］键或［▼］键选择某报文种类（字母），然后按［▲］键或［▼］键选择接收（字母大写）或拒收（—），设置完毕按［ENT］键进行确认。

注：A、B、D、L 四类报文是不能拒收，强制设置为接收。

• 按［MENU/ESC］键关闭窗口。

⑦报文打印

当接收到的报文信息显示时，按［PRINT］键显示打印选项，再按［▲］键或［▼］键选择“PRINT”，按［ENT］键确认打印。

⑧报文自动打印设置

• 按［MENU/ESC］键打开主菜单。

• 按［▲］键或［▼］键选择“NAVTEX”，按［ENT］键显示 NAVTEX 目录。

• 按［▲］键或［▼］键选择自动打印（Auto Print），然后再按［ENT］键打开自动打印的选项。

• 按［▲］键或［▼］键选择“All”打印方式，按［ENT］键进行确认，按［MENU/ESC］键数次返回。

⑨报文信息处理

在主菜单显示模式下，按［LIST］键显示报文信息菜单选项，报文信息类型有 All、Alarm、User、Selected、Good。按［▲］键或［▼］键选择报文项目进行查看、打印、删除等，按［ENT］键确认，关闭窗口。

（4）自测和更换打印纸

①NX-700 提供了系统自测程序，用于检测本机的只读存储器（ROM）、随机存储器（RAM）、数据端口、键盘、LCD、设备主板电池和软件程序版本。步骤如下：

• 按［MENU/ESC］键显示主菜单。

• 按［▼］键选择“Service”，然后按［ENT］键。

• 按［▲］键或［▼］键选择“TEST”，然后按［ENT］键，“Start Test”的信息出现后，选择开始自测，测试正常显示“OK”。若测试不通过显示“NG”，需联系维修代理进行检修。

②更换热敏打印纸

当热敏打印纸用完时，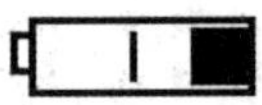图标将在显示屏的右上方出现，提示要更换热敏打印纸，打印纸规格为热敏 58 mm×30 m。更换热敏打印纸步骤如下：

• 关闭电源。

• 按一下打印机上的按钮（图 4-8），打开装打印纸容器的盖板。

• 剥开打印纸上的标签带，将打印纸放进打印纸的容器（图 4-9），并将打印纸留出 2～3 cm，关上打印纸容器的盖板。

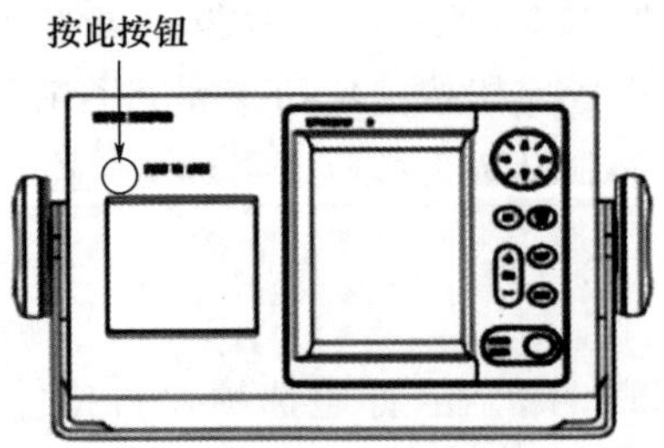

图 4-8　按打印机上的按钮

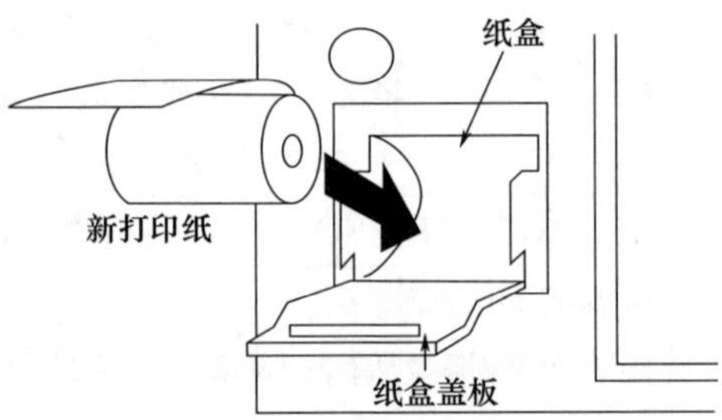

图 4-9　放入打印纸

4. SAILOR HC4500 型单边带无线电话

SAILOR HC4500 型单边带无线电话是丹麦 SAILOR 公司生产的中高频通信设备，如图 4-10 所示。整套设备包括 SSB 收发机、内置的 DSC 终端、NBDP 终端、话筒、打印机、天线和自动天线调谐单元。该设备工作频率为 1.6～30 MHz。该设备完全符合 GMDSS 的技术要求，适用于 A2、A3 和 A4 海区的船舶/海上设施。

图 4-10　SAILOR HC4500 型单边带无线电话

（1）控制面板及功能键介绍

SAILOR HC4500 型单边带无线电话控制面板如图 4-11 所示，各部分功能介绍如下：

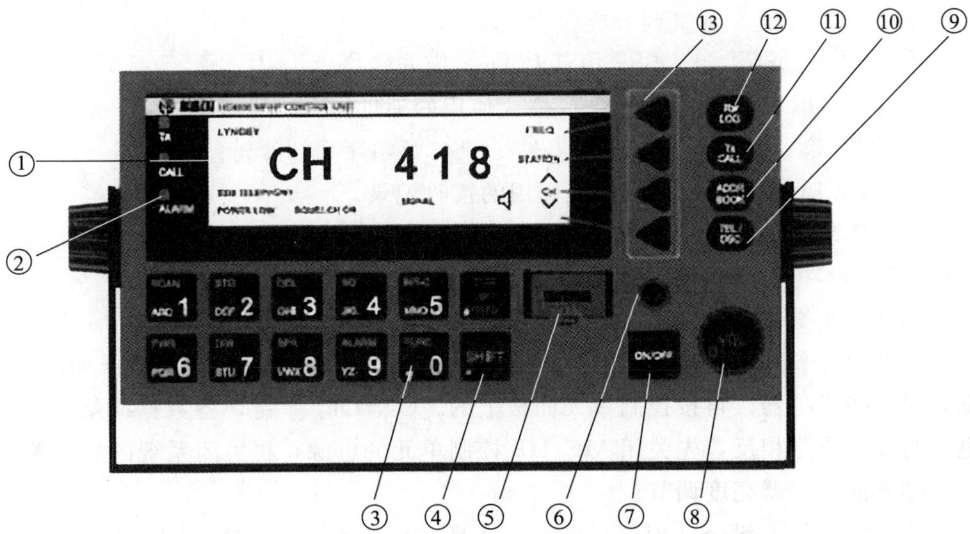

图 4-11　SAILOR HC4500 型单边带无线电话控制面板

①液晶显示器。

②指示灯。Tx 为发射指示灯，灯亮表示正在发射信号；CALL 为接收指示

灯，灯亮表示正在接收 DSC 呼叫；ALARM 为接收报警指示灯，灯亮表示正在接收 DSC 遇险报警。

③键盘。每个按键包含功能、数字、字母等。直接按各键，可输入字母或数字。若执行功能，需先按［SHIFT］键，再按所需按键，各功能键的功能如下：

- ［2182 DIST FREQ］键：选择电话遇险通信频率。
- ［PWR］键：选择发射功率等级（HIGH、MED、LOW 三个等级循环）。
- ［DIM］键：液晶显示器背景亮度调节。
- ［SPK］键：外接扬声器开关按键。
- ［ALARM］键：电话报警紧急按键。
- ［FUNC］键：初始参数设置（ID 码、船位、时间、亮度、音量、工作频率）。
- ［SQ］键：开启或关闭静噪功能。
- ［STO］键：进行电话值守信道的存储。
- ［SCAN］键：进行电话值守信道的扫描。
- ［DEL］键：进行电话值守信道的删除。
- ［INT-C］键：国际信道模式。

④［SHIFT］键。按住此键可进行上档键操作。

⑤［DISTRESS］键。带保护盖的遇险报警按钮。

⑥接收机频率微调旋钮。

⑦［ON/OFF］键。电源开关。

⑧［VOL］键。音量调节旋钮。

⑨［TEL/DSC］键。SSB 电话和 DSC 模式转换。

⑩［ADDR BOOK］键。DSC 模式使用的地址簿。

⑪［Tx CALL］键。按此键，进入 DSC 呼叫序列的编辑。

⑫［Rx LOG］键。DSC 模式使用的接收记录。

⑬操作软键。

（2）基本操作介绍

①开关机操作

先开启系统的主电源开关，蜂鸣器会发出连续的响声。此时按［MENU］键，可关闭蜂鸣器。再按控制单元面板上的［ON/OFF］键，各数据终端同时供电。与开机顺序相反，先关闭 MF/HF 控制单元的电源，再关闭系统的主电源。

②液晶显示器亮度调节

按［SHIFT］键→［FUNC］键→选择“USER”→选择“DISPLAY”，共有“0～7”8 个亮度等级可供选择。

③话筒耳机音量或警报音量设置

按［SHIFT］键→［FUNC］键→选择“USER”→选择“SOUND”→选

择“EARPIECELEVEL”或“ALARMLEVEL”，有 16 个电平等级可供选择。

④存储电话信道

按［SHIFT］键→［FUNC］键→选择“TELEPHONY”→选择“CH”→选择“ADD”→输入 Rx 和 Tx 频率值→选择“ACCEPT”确认→输入 3 位数字的信道号完成存储。

⑤存储与岸台或船台通信所需信息

按［SHIFT］键→［FUNC］键→选择“STATION”→选择“ADD”→选择“SHORE”或“SHIP”→输入岸台或船台的识别码和台名→选择“DSC FREQ”或“STNCH”→输入所需的 DSC 工作频率或工作频道，供通信时调用。

上述操作都是通过［SHIFT］和［FUNC］两个功能键实现的。同类的操作功能还有很多，这里不再一一列举。

（3）无线电话通信

①按下 MF/HF 控制单元面板上的［TEL/DSC］键，选择 SSB 电话通信模式。此时，液晶显示器显示发射频率、接收频率、发射功率等信息，如图 4-12 所示，当前显示的全部信息为上次使用时所设置的参数。

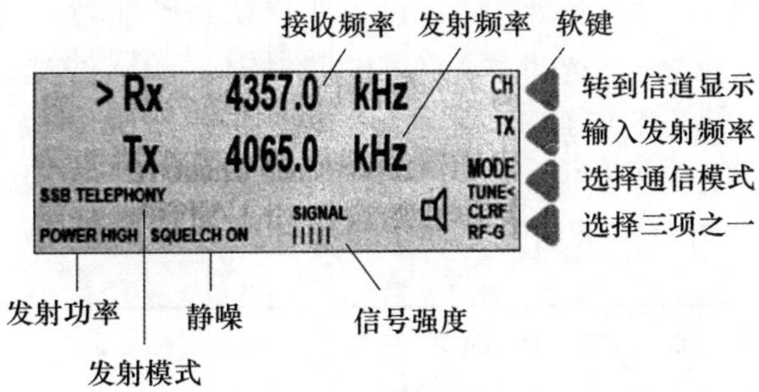

图 4-12　SAILOR HC4500 型单边带无线电话液晶屏幕显示内容

②按“MODE”对应的软键选择“SSB TELEPHONY”。

③设置工作频率，有两种方法，分别是：

方法 1：在当前状态直接通过数字键输入接收频率的数值，按“ENTER”对应的软键确认；再按“Tx”对应的软键，输入发射频率的数值，按“ENTER”对应的软键确认。

方法 2：按“CH”对应的软键，进入信道显示窗口。再通过数字键输入信道号，按“ENTER”对应的软键确认完成。信道显示窗口如图 4-13 所示。

④根据通信距离，选择适当的发射功率。

⑤拿起话筒，按下［PTT］键，开始呼叫。在通信过程中，根据接收情况适当调整接收机的音量、清晰度等。

⑥按照本书介绍的通信程序进行遇险、紧急、安全、常规语音通信。

图 4-13　SAILOR HC4500 型单边带无线电话液晶屏幕显示信道号

（4）DSC 遇险报警

DSC 遇险报警有两种不同的操作方式，可根据实际情况选用。一种称为直接报警，是在情势危急、时间紧迫时，操作员不做任何信息输入，直接启动遇险报警；另一种称为编辑报警，是在情况允许时，人工输入相关信息再进行报警。

①直接报警

掀起保护盖，按下［DISTRESS］键持续 3 s 后再松手，则 DSC 遇险信息在预设的遇险频率上被发射出去。

②编辑报警

按 SSB 控制单元面板上的［TX CALL］键→选择呼叫格式“DISTRESS”→通过“MORE”翻页选择“遇险性质”；输入或确认遇险船位（在正常情况下，船位由 GPS 数据自动更新），选择“ACCEPT”确认；输入或确认遇险时间，选择“ACCEPT”确认；选择后续通信方式，一般首选电话通信，选择“SSB TELEPHONY”；利用“∧”或“∨”翻页键选择所需的遇险报警频率，选择“ACCEPT”确认，窗口显示如图 4-14 所示。

Press the DISTRESS button
For 3 seconds to transmit
TYPE：Distress
NAT：Fire
Pos：N：36°23’ E：122°15’ Time：02:00 UTC
COMM：SSB telephony　　CANCEL

图 4-14　SAILOR HC4500 型单边带无线电话 DSC 报警信息

③发射遇险报警

掀起保护盖，按下［DISTRESS］键持续 3 s 后再松手，DSC 遇险信息在所选的遇险频率上被发射出去。

无论是直接报警还是编辑报警，DSC 遇险报警发出后，遇险频率值守机都正常执行扫描。当收到遇险确认信息后，设备会发出声光报警。收到遇险确认后，DSC 终端的报警程序终止，此时，船台应立即按报警电文的约定，与给予确认的电台建立后续遇险通信。

5. IsatPhone 海事卫星电话

IsatPhone 海事卫星电话为 Inmarsat 生产的手持式卫星电话，如图 4-15 所示。该设备网络注册快（45 s 以内），待机时间长，坚固耐用，可承受极端恶劣的自然环境，具有高质量语音、语音邮件、文本、电子邮件、跟踪和辅助提醒等功能。

（1）基本操作介绍

①电话开机和关机

如要开机，按住红色键（按键）数秒钟，直至屏幕亮起。inmarsat 徽标将首先显示，然后主屏幕显示。如要关机，按住红色键（按键）数秒钟。如果电话提示输入 PIN，则输入 PIN 代码。PIN 最初由服务经销商设置，用户可以重新设置 PIN。

②插入 SIM 卡

如果没有安装 SIM 卡，电话将提示插入 SIM 卡，未插入 SIM 卡之前，只提供有限的服务。

如果电池在位，将其向上拉出；将卡扣沿 SIM 卡卡座向下滑动，然后将其向外翻转；确保 SIM 卡的缺角位于左侧，然后将 SIM 卡滑入卡座；将卡座翻转回原位，并将卡扣向上滑动到原位；插入电池。

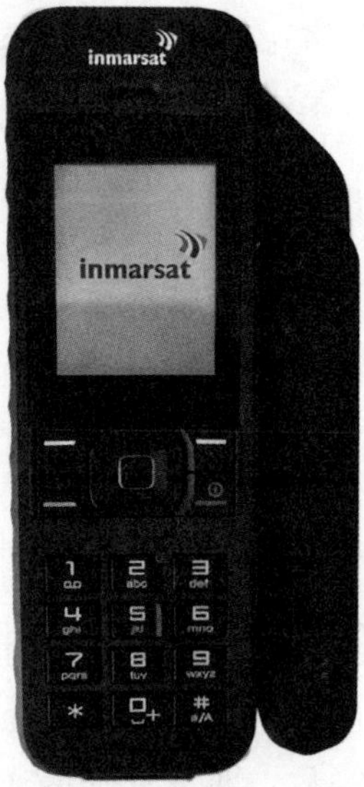

图 4-15　IsatPhone 海事卫星电话

③设置电话语言和时区

首次开机时，电话将提示选择语言。用导航键和中央选择键从列表中选择语言。

选择语言后，电话将提示选择时区。电话自动接收来自 GPS 卫星的世界协调时（UTC）。选择时区后，电话的时钟将显示本地时间。如果进入另一个时区，则需要变更此设置。

④查看有关电话的重要信息

有关电话的重要信息显示在菜单>设置>关于。此类信息包括机型、固件版本 IMEI 号码和 IMSI 号码。

（2）连接卫星

IsatPhone 通过与赤道上方轨道内的 Inmarsat 卫星通信来实现拨叫和接听电话。开启电话，要站在空旷无遮挡的室外，将电话天线向上竖起。电话的天线与 Inmarsat 卫星之间必须没有阻挡才能拨打和接听电话。用户看到的天空越大，来自 Inmarsat 卫星的信号就越强。信号条指示信号的强度至少 2 格才能拨打和接听电话。

（3）拨打电话

①按住红色键数秒钟开机。

②站在空旷无遮挡的室外，将电话天线向上竖起。

③检查电话是否已连接卫星网络，若已经连接，inmarsat 字样会显示在屏幕左上角。

④确保至少有 2 格信号强度。

⑤确保具有充足的电池电量。

⑥确保电话具有 GPS 定位，如果需要 GPS 定位，则显示图标。

⑦拨打完整国际号码，然后按绿色（或黄绿色）键，例如：＋44 1621 123456。

⑧如要结束通话，按红色键。

⑨如要关闭电话，按住红色键直至屏幕关闭。

通过下列方法输入完整的国际号码：拨＋（按住 0 键 3 s）或拨 00，然后拨国家/地区号、区号（不拨区号前的 0）、电话号码，然后按绿色键，例如：00 44 1621 123456 或＋44 1621 123456。屏幕上将显示正在呼叫信息和被叫方的名称（如果被叫方名称罗列在电话簿或 SIM 卡联系人内）。当呼叫得到应答后，屏幕将显示通话时间（以分和秒为单位）。如要结束通话，请按红色键。

（4）呼入电话提示

使用呼入电话提示之前，每次打开话机电源时，话机必须能够成功注册到网络。待机时，LED 指示灯变为琥珀色，在信号强度可用的情况下，设备自动提醒是否存在呼入电话或信息。

如果接收信号强度太弱，则状态 LED 指示灯变为红色，屏幕将出现提示“将天线指向卫星”。当天线转移到能够清晰看见卫星的空旷位置，两个状态 LED 指示灯将变为琥珀色。

当接收到呼入电话提示时，操作员必须采取行动，以便能够与网络完全连接。也就是说，如果天线已收起，则必须部署天线，并转移到能够清晰看见卫星的空旷位置。当接收到呼入电话提示时，状态 LED 指示灯将闪烁为琥珀色且会响起提示声音。屏幕将显示呼入电话和响应剩余时间 15 s。该时间将倒计时一直持续到成功连接网络。在此期间，可以通过按红色键来拒绝呼入电话。

如果拒绝呼入电话提示或在 15 s 内未能成功连接到网络，则终止提示。屏幕随后会通知存在未接提示。

（5）接听电话

如要接听电话，电话的天线必须展开，且电话必须已连接到卫星。按绿色键接听电话或按红色键拒绝电话。如果来电方名称存储在电话簿或 SIM 卡联系人内，将会看到来电方的号码和名称。如果不想让电话播放铃音，可将情景模式设置为无声或仅振动。

（6）拒绝电话

按红色键，呼叫被中断，主叫者的详细信息会存储在未接来电中，以备以后检索。

（7）回拨电话

电话自动保存已接听或未接听的最近 20 个电话号码。如要回拨电话，请选择菜单>呼叫记录；选择需要的文件夹，例如未接来电或已接来电，然后突出显示联系人，并按绿色键。

6. FA-150 型 AIS 设备

AIS 设备工作在 VHF 频道 87 B 和 88 B，实现本船和其他船舶或岸基设备之间交换导航和船舶数据信息，设备会在启动的 2 min 内发射本船静态数据，并每隔6 min 发射一次。静态数据包括 MMSI 号码、IMO 号码、呼号、船舶名称、船舶长度和宽度、船舶类型和 GPS 天线位置。除了静态数据，也会发射船舶的动态数据。此数据包括精确位置、对地航速、对地航向、转向率、船首方向等。动态数据根据船舶速度和航向调整为每 2 s 到 3 min 发射一次。航行相关数据，如船舶吃水、危险货物、目的地和预计到达时间，每隔 6 min 发射一次。

FA-150 型 AIS 设备为日本古野公司生产的船载自动识别系统设备，如图 4-16 所示。FA-150 型 AIS 设备由 VHF 和 GPS 天线、发射器/接收器单元、监控器单元及其他相关单元构成。

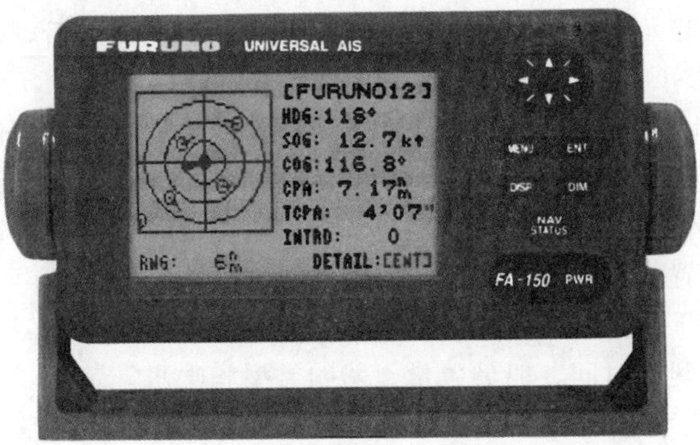

图 4-16 FA-150 型 AIS 设备

(1) 操控面板介绍

FA-150 型 AIS 设备操控面板如图 4-17 所示。

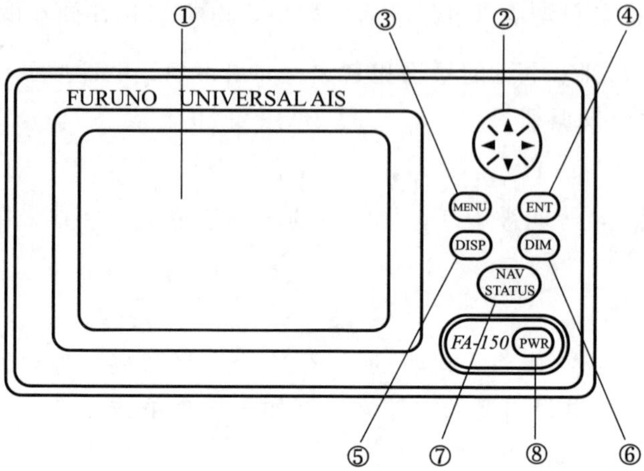

图 4-17 FA-150 型 AIS 设备操控面板

①LCD 屏幕：显示各种数据。

②CursorPad：移动光标，选择菜单项目和选项，输入字母、数字数据。

③［MENU］键：打开菜单。

④［ENT］键：终止键盘输入；更改屏幕。

⑤［DISP］键：选择显示屏幕；关闭菜单。

⑥［DIM］键：调整面板调光器和 LCD 对比度。

⑦［NAV STATUS］键：显示导航状态菜单，设置航程。

⑧［PWR］键：开启和关闭电源。

(2) 打开和关闭电源

按［PWR］键开启或关闭设备。通电时，设备会发出几秒钟“嘟嘟”声，然后启动屏幕，显示程序版本号、设备测试结果。测试完成后，出现标绘仪显示屏，显示消息“NO OWN SHIP POSITION AVAILABLE”（无可用的本船位置）和“NOW INITIALIZING”（正在初始化）。这些消息表示位置数据还没有到达，待上述两条消息消失后，就可以使用设备了。如果出现消息“ENTER MMSI”（输入 MMSI），表示船舶的 MMSI 没有注册到设备中，请输入 MMSI。

(3) 航行设置

“NAV STATUS”菜单上有 7 个项目，需要在航行前输入：导航状态、目的地、到达日期、到达时间、船员数量、船舶类型和吃水。

①按［NAV STATUS］键打开“NAV STATUS”菜单。

②如果船舶状态与设备所显示的内容不同，请按［ENT］键，再按［▲］键

或［▼］键选择合适状态，然后按［ENT］键。如果与所显示的内容相同，请转至③。

③按［▶］键显示“NAV STATUS”菜单的第 2 页。

④选择“NEW”（新建）后，按［ENT］键。

⑤按［ENT］键。使用 CursorPad 输入目的地，然后按［ENT］键。最多可使用 20 个字母和数字字符，并且可输入 20 个目的地。按［▲］键以空格、字母表、数字和符号的顺序显示字母和数字字符。

⑥按［▶］键显示“NAV STATUS”菜单的第 3 页。

⑦选择“DATE”（日期）后，按［ENT］键。

⑧使用 CursorPad 输入到达日期，然后按［ENT］键。

⑨选择“TIME”（时间）后，按［ENT］键。

⑩使用 CursorPad 输入预计到达时间，然后按［ENT］键。应使用24 h 制。

⑪按［▶］键显示“NAV STATUS”菜单的第 4 页。

⑫选择“CREW”（船员）后，按［ENT］键。

⑬使用 CursorPad 输入船员数量（设置范围：0～8191），然后按［ENT］键。

⑭选择“TYPE No.”（类型编号）后，按［ENT］键。

⑮使用 CursorPad 选择船舶型号，请参照下一页表格，然后按［ENT］键。

⑯按［▶］键转到“NAV STATUS”菜单的第 5 页，输入吃水，然后按［ENT］键。

⑰使用 CursorPad 输入船舶吃水（设置范围：0～25.5 m），然后按［ENT］键。

⑱按［DISP］键关闭菜单。

（4）CPA/TCPA 设置

①按［MENU］键打开主菜单。

②使用［▲］键或［▼］键选择“USER SETTINGS”（用户设置），然后按［ENT］键。

③使用［▲］键或［▼］键选择“CPA/TCPA ALARM”，然后按［ENT］键。

④选择“CPA”后，按［ENT］键；使用 CursorPad 输入 CPA（设置范围：0～6.00 n mile），然后按［ENT］键。

⑤选择“TCPA”后，按［ENT］键；使用 CursorPad 输入 TCPA（设置范围：0～60 min），然后按［ENT］键。

⑥选择“ALARM MODE”（报警模式）后，按［ENT］键。

⑦选择“ON”（开启）启用 CPA/TCPA 报警功能；选择“OFF”（关闭）禁用。按［ENT］键。

⑧选择“ALARM BUZZER”（报警蜂鸣器）后，按［ENT］键。

⑨选择“ON”（打开）启用CPA/TCPA声音报警；选择“OFF”（关闭）禁用。按［ENT］键。

⑩按［DISP］键关闭菜单。

（5）选择显示内容

使用［DISP］键选择显示屏显示的内容。每次按键时，显示屏会按以下顺序显示内容：标绘仪、目标列表、危险（目标）列表、本船静态数据、本船动态数据、警报状态。

①标绘仪

显示屏会在接通电源时自动出现标绘仪，显示当前距离内装配有AIS的船舶距离和航向。同时显示本船的位置和航向。

②目标列表

显示屏显示标绘仪时，按［DISP］键显示“TARGET LIST”（目标列表），列出所有探测到的AIS目标。使用［▲］键或［▼］键选择想要查看其数据的目标，然后按［ENT］键。使用［▲］键或［▼］键滚动显示屏，查看其他数据。

③危险（目标）列表

当存在低于CPA和TCPA报警设置的危险船舶时，可以轻松找到这些船舶，并以列表形式显示。

在显示屏显示标绘仪时，按［DISP］键显示“目标列表”；按［▶］键显示“危险列表”；要找到危险目标的详细信息，用［▲］键或［▼］键选择目标，然后按［ENT］键；使用CursorPad更改页面。

④本船静态数据

显示屏显示的本船静态数据包括MMSI、呼号、船舶名称、IMO号码、船舶型号和定位天线位置。这些数据应每个航程检测一次，或每个月检测一次（取时间较短者）。只有得到船长的许可才可以更改数据。

在显示屏显示标绘仪时，连续按两次［DISP］键显示“OWN STATIC DATA”；使用CursorPad查看本船其他静态数据；按［▼］键或［▶］键前进，按［▲］键或［◀］键后退。

⑤本船动态数据

显示屏显示本船的动态数据，包括时间、日期、船舶位置、对地航向（COG）、对地航速（SOG）、转向率（ROT）和船首向。在显示屏显示标绘仪时，连续按三次［DISP］键显示“OWN STATIC DATA”显示屏。

⑥警报状态

显示屏显示触发警报的日期和时间。

第三节 海上应急通信

一、遇险通信、紧急通信和安全通信

国际电信联盟将海上通信划分为遇险、紧急、安全和常规四个优先级别。

（1）遇险通信：包括遇险报警和后续通信。遇险报警表明发送报警的移动单元，如船舶、航空器以及其他载运工具，或人员处于紧迫危险需要立即救援。后续通信主要包括搜救协调通信、现场通信等，它是在遇险报警之后针对险情展开的通信。

（2）紧急通信：意味着呼叫台有一份涉及移动单元或者人员安全的十分紧急的信息需要发送。在紧急通信中包括多种业务形式，如医疗援助、医疗指导等。

（3）安全通信：表明呼叫台有一份涉及航行安全的电文需要发送，如紧急的航行警告、气象警告等。

（4）常规通信：是指船舶在正常状态下，进行的船到岸、岸到船、船到船、船与用户之间的水上无线电传、无线电话和数字选择性呼叫（DSC）。

有关船舶与公司间关于船舶运输生产的通信，国际上又称为船舶业务（Ship Business）通信。

常规通信是船舶通信中应用最多的一种通信形式。熟悉日常通信的要求和操作程序对保证船舶通信畅通至关重要。

各种形式的常规通信，必须使用核定的工作频率、正确的发射类别。国际电信联盟（ITU）对海上各种通信指配了工作频率，每个海岸电台对于不同的工作方式都有专用的工作信道。每个海岸电台开放的工作类型使用的工作信道可在英国海军出版的《无线电信号书》（ADMIRALTY LIST OF RADIO SIGNALS）第一卷海岸电台表（VOLUME 1 COAST RADIO STATIONS）中查找。要注意选择合适的海岸电台和该海岸电台的最佳工作频率。

二、海上遇险通信的程序与内容

1. 使用海事卫星电话（或移动电话）进行遇险通信

通过 Inmarsat 船站进行遇险、紧急和安全通信是通过设置不同的通信优先级别来实现的。在 Inmarsat 系统中，通信优先级别分四级，用数字 0（常规）、1（安全）、2（紧急）、3（遇险）表示。实际通信时，通常默认级别（缺省设置）为 0（常规），其他级别通过船站终端选择设置，具体设置方法可参考相关设备操作指南。

（1）Inmarsat 船站电话遇险通信

对于 GMDSS 船舶，Inmarsat 船站电话遇险报警通常是通过话机终端实现。

由于Inmarsat-F船站都是实时通信系统（图4-18），且报警信号直接转至搜救协调中心，因此，报警与后续通信是一并完成的。通过话机手柄进行电话遇险通信程序如下。

图4-18　Inmarsat-F通信设备

①设置“遇险（Distress）”优先等级。“遇险”优先等级的设置通常是通过按下红色报警按钮完成，一般要求按压5 s以上。报警按钮设置的位置由于设备型号不同而有所不同。

注意：尽管按下红色报警按钮只是设置“遇险”优先等级，但是15 s后船站会自动启动报警呼叫，经默认地面站转接至搜救协调中心。因此，当操作者误按下报警按钮时，务必在15 s前终止报警。

②选择地面站。原则上一般选择事发地最近的地面站。因为Inmarsat系统中的每一个地面站都与一个搜救协调中心有专线连接，选择最近的地面站意味着选择了最近的搜救协调中心。

③拿起话机，启动呼叫。此时报警被启动，经地面站自动连接至特定的搜救协调中心。

④当搜救协调中心应答时，按照上述无线电话遇险呼叫格式进行通信。

⑤通话完毕。结束呼叫，通常放回话机即可。

注意：上述报警也可以通过船站默认的地面站转接至搜救协调中心。此时，上述程序中步骤②可省略。默认地面站的设置可参考相关设备操作指南。

（2）Inmarsat船站电传遇险通信

Inmarsat船站的电传遇险通信主要是通过Inmarsat-C船站实现的。Inmarsat-C船站采用存储一转发方式，需要发遇险报警提供险情概况，而后发送遇险优先级别电文提供详情。

Inmarsat-C船站电传遇险通信是通过报警和后续通信两步完成的。

①Inmarsat-C船站遇险报警

Inmarsat-C船站遇险报警一般有两种方法。

方法一：首先，操作员在终端上对报警信息进行简单的设置，包括转接的地面站（缺省时为默认地面站）、遇险性质（缺省时为“未指明”）等。然后，按下报警按钮启动报警。

方法二：直接按下遇险报警按钮启动报警。可以触发船站本身的报警按钮，也可以在环境或时间不允许时，触发遥控报警按钮。此时，报警信息均为默认设置，即默认地面站和“未指明”遇险性质。这种方法操作简单、快捷，适用于十分紧急的情况。

具体操作请参考相关设备操作指南，报警地面站的选择原则以就近为好。

②Inmarsat-C 船站发送遇险电文

Inmarsat-C 船站报警发出并收妥确认后，操作员通常利用 C 船站进行后续遇险通信，互通遇险详情以利于救助。发送遇险电文的程序如下：

a. 编辑并存储遇险电文。

b. 在电传终端上设置参数。要求：

- 通信级别设置为“遇险”；
- 地面站应该与报警时设置的地面站相同。

c. 启动发射。

需要强调指出：若报警发出 5 min 后，搜救协调中心或地面站没有应答，操作员应重发报警。

2. 甚高频（VHF）无线电话遇险通信

（1）无线电话遇险呼叫

VHF 无线电话（图 4-19）遇险呼叫应采用 CH70。遇险信号为“Mayday”，在无线电话上按照法语“m'aider”读音。在利用无线电话进行遇险通信时，每一次呼叫之前应该前缀上述的遇险信号标识。

图 4-19 VHF 无线电话设备

无线电话遇险呼叫格式如下：

遇险信号 Mayday，三次。

This is（语言出现障碍时可以使用 DE，意思为“这是”或“来自”，读作“Delta Echo”）

遇险船舶的船名、呼号或 MMSI 等识别，三次。

Mayday

地理位置

遇险性质以及期望得到的救助

其他有助于救助的信息

Master（表示该电文已经经过船长授权）

注意：当遇险船舶通过 DSC 终端发射报警后，成功在 DSC 上收妥报警确认，而后双方根据 DSC 报警信息约定在 2182 kHz 或者 VHF CH16 上展开遇险通信时，遇险信号、双方识别可以减少为一次。

【遇险呼叫实例】

Mayday，Mayday，Mayday

This is M/V Yuying，This is M/V Yuying，This is M/V Yuying

Mayday

I am in danger. My position is Latitude 37. 15 degrees North，Longitudel 23. 05 degrees East. I am on fire at 1645 hours local time and have IMO-Class B chemical on board. I require fire fighting assistance.

Master. Over.

（2）无线电话遇险确认

①对遇险船报警的确认

无线电话对遇险船报警的确认呼叫格式如下：

Mayday

遇险船舶的船名、呼号或 MMSI 等识别，三次。

This is（或者 DE）

确认台的台名、呼号或 MMSI 等识别，三次。

Received（语言出现障碍时可以使用“RRR”，读作“Romeo，Romeo，Romeo”）Mayday。

注意：当船舶对从其他船转发来的遇险报警进行无线电话确认时，也使用上述格式。

【针对前面遇险呼叫的确认实例】

Mayday

M/V Yuying，M/V Yuying，M/V Yuying

This is

M/V Golden River，M/V Golden River，M/V Golden River

Received Mayday

②对海岸电台转发报警的确认

无线电话对海岸电台转发报警的确认格式如下：

Mayday

转发报警的海岸电台识别，三次。

This is（或者 DE）

确认台的台名、呼号或 MMSI 等识别，三次。

Received Mayday

③无线电话遇险转发

无线电话遇险转发标志为“Mayday Relay”。其规范的呼叫格式如下：

遇险转发（Mayday Relay），三次。

This is（或者 DE）

转发台的台名、呼号或 MMSI 等识别，三次。

Relaying from 〈遇险船的船名〉

Mayday

复述遇险信息

【上海海岸电台对前面遇险呼叫的转发实例】

Mayday Relay，Mayday Relay，Mayday Relay

This is Shanghai Radio，This is Shanghai Radio，This is Shanghai Radio

Relaying from Chinese M/V Yuying.

Mayday

I am in danger. My position is Latitude 37. 15 degrees North，Longitude 123. 05 degrees East. I am on fire at 1645 hours local time and have IMO-Class B chemical on board. I require fire fighting assistance.

Master. Over.

3. 应急无线电示位标（EPIRB）的使用

（1）简介

EPIRB（Emergency Position Indicating Radio Beacon）是一种能发射无线电信号的信标（图 4-20），它的用途是利用本身发射的信号表示自己存在的状态和位置，以期使搜寻它的接收装置找到它。

在遇险救助及 GMDSS 系统中，它作为一种重要的船对岸的报警装置得到广泛应用，在 20 世纪 90 年代，国际海事组织就规定在海船上安装该设备，至今发展得越来越完善，而且已成为船上的必装设备。

图 4-20　EPIRB 设备

EPIRB 的外壳通常要求为橙色或橘黄色，顶部有闪光灯，通常还带有反光材料，白天依靠较强的日光反射，以便更容易被搜救人员发现，夜间由闪光灯闪烁，使其在很大范围的海面上可见，闪光灯电源由光敏开关控制，白天能自动关闭。另外，示位标上还附有一根绳索，便于系固时使用。

示位标的电池由于重量相对较重，因此位于示位标的底部。依照 EPIRB 的规范要求，示位标被启动后至少应工作 48 h，为此，示位标中通常使用高性能的锂电池，电池的有效期一般在 4～5 年。

海水开关，也称之为水敏开关，其实是裸露在示位标下半部的两个电极，如果示位标浸入海水中，两个电极就会导通。水银开关只在 GMDSS 实施初期的 EHRB 产品中使用过，使用水银开关的示位标，通常必须倒置安放，由于环保因素，生产厂家早已停用。

平时由于磁性开关和水敏开关通常不导通，因此电池并不向电子单元供电。

（2）安装、使用与检测

①安装

406 MHz EPIRB，装船使用的型号有 30 多种，虽然型号不同但其结构形式基本类似。现代生产的示位标主体基本都装在带释放器的箱内，带释放器的箱（支架）再安装在船体上。所谓安装就是选择适当位置安装带释放器的箱体（支架）。

EPIRB 安装位置一般选择在驾驶室外，方便检查、维护、拿取又不影响通行、作业的地方。如驾驶室门外的舱壁或栏杆上，根据支架螺孔尺寸焊固定座，用螺栓将支架固定好即可。

安装好后，将释放器的插销轻轻抽出，慢慢将箱盖打开（防止示位标滚出摔坏），将示位标取出，然后将示位标上的一卷线索抽出一段系到固定的箱体上。以保证遇险后示位标和船在一起。然后把示位标放入箱内，将箱盖盖好，轻轻将释放器插销插好。注意不能把释放器弄坏。

以往安装时这一步不做，想等真正船遇险时再酌情处理。其实真正船遇险时有许多事要做，可能很慌乱，但千万别忽略这一步，否则造成示位标随波逐流报警的位置不是实际船位。

②使用

406 MHz EPIRB，看上去结构很简单，只有一个开关，但如果使用不当，将达不到遇险时能准确报警的目的。所以必须正确使用，使其发挥应有的作用。

使用人员应根据具体情况，正确操作使用。如果船遇险但不沉，示位标不接触水不会自动报警，必须人工启动报警。如果船遇险立即沉没，只要是按上述要求正确安装的示位标就会自动启动报警。

a. 人工启动

打开示位标顶部（天线根部）的铅封，拔出插销，开关自动开到“EMEGENCY”（紧急）位置，靠近固定密封垫圈的 U 形栓的指示灯开始闪亮，每秒闪一次，这表示 EPIRB 在发射 121.5 MHz/243 MHz 频率的滑音信号。约 50 s，指示灯转入下一个闪亮序列，先停止 4 s，之后再闪亮，表示正发射 406 MHz 数据信号。

若要发射停止，将开关扳到“OFF”位置，插入锁定插销，这时示位标停止发射。如不插入锁定插销，开关会自动回到“紧急”位置继续发射。

如果船遇险但没沉，不弃船，由于示位标没接触到水，需人工启动报警。

b. 自动发射

示位标以正向向上，放入水中因电池部分有水银开关自动接通，发射便立即开始，而与顶部开关状态无关。示位标离开水面后，发射便停止。

还有一种示位标（使用较少），它是被倒置安装在自浮式自动释放架上，由于示位标的电池部分有水银开关，在倒置位置时不能自动启动。当它连同释放架一起沉入水中 2～3 m 深时，水的压力将使示位标自动从架上释放出来，由于下部电池较重，示位标会自动倒转过来，浮到水面立即发射信号，直到离开水面或再将其倒置才停止发射。

c. 测试

测试按钮主要用于示位标的日常检测，以便及时了解示位标的工作状态。

（3）406 MHz EPIRB 的操作和使用特性

①应装有防止意外被启动的装置，并能手动启动和手动关闭。

②应配有短时工作周期闪光灯，在暗处能被启动，向附近的幸存者和救助单位指示其位置。

③应配有可用作系绳的浮力短索，且应防止示位标浮离时被缠在船舶结构上。

④示位标表面颜色应为黄色或橙色，并配有反光材料。

⑤具有指示正在发射信号的指示装置，在不使用卫星系统的情况下，能测试示位标是否正常工作。

⑥在静水中能直立浮起，在任何海况下均具有正稳性和足够的浮力，示位标浮离后能自动启动。

⑦在浸入水中的过程中，能承受 45℃的温差变化，且不应受海水或油的影响，长时间暴露在阳光下应保持性能不变。

⑧从 20 m 高处跌落水中而不致损坏。

⑨在 10 m 水深处至少能在 5 min 内保持水密。

⑩示位标外部应清楚标有简单的操作说明、电池的失效日期及编程写入的识别码。

（4）406 MHz EPIRB 的日常维护保养

①经常检查示位标周围有无杂物堆积、有无新的障碍物，如果会影响应急示位标的正常工作，应及时清理。

②定期检查示位标存放盒或固定支架是否牢固，有无腐蚀及爆裂等情况，若发现有安全隐患，应及时解决。

③定期检查示位标电池和静水压力释放器的有效期，如果即将到期，应尽快通知公司主管部门及时更换。电池的有效期一般在 4～5 年，释放器的有效期一般为 2 年。

④每季度利用设备自身提供的自检测方式，检测设备工作状态，但应注意避免发生误报警。

⑤保持 EPIRB 表面的船名、呼号、MMSI 码、电池和释放器的有效期等各种标记清晰。

⑥船舶到港时要注意防盗。

⑦由于 EPERB 有水敏开关和释放器，因此，在冲洗甲板时不要对着 EPIRB 冲洗，以免发生误报警，或者导致释放器误动作。

4. 搜救雷达应答器（Radar-SART）与自动识别搜救发射器（AIS-SART）的使用

（1）Radar-SART

搜救雷达应答器简称为 SART（图 4-21），它是由 Search and Rescue Radar Transponder 缩写而来的。SART 是一个具有收发功能的小型设备，其作用是当搜救船舶或飞机接近时，在 9 GHz 雷达（亦称 X 波段雷达或 3 cm 雷达）信号的触发下，发出特定的示位信号，以使搜救者能在复杂的海况下及时发现遇险幸存者，大大地提高救助的成功率。

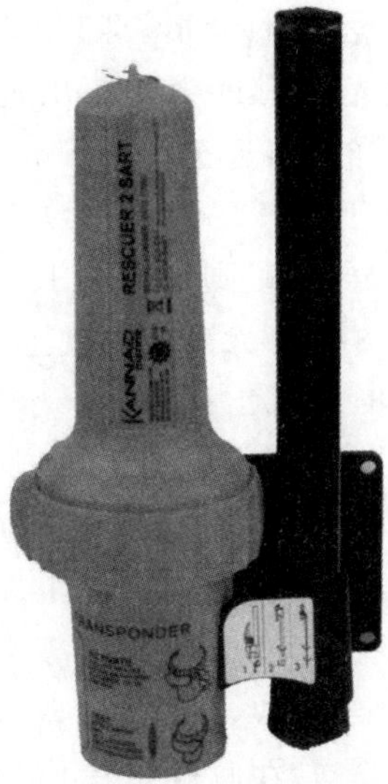

图 4-21 Radar-SART

SART 可以安装在驾驶台内，也可安装在船舷或救生艇上，并可方便地由遇险幸存者携带。一旦险情发生，SART 可人工启动，也可在入水后自动启动。启动后 SART 首先处于待命状态，即只收不发。但只要收到 9 GHz 的雷达信号，SART 会立即进入应答状态，此时既收且发。在应答状态中，SART 会在与所收雷达信号相同的波段上发射一串脉冲信号，该信号在雷达显示器上的标志是同一方位上的 12 个等距离光点，而搜救船舶或飞机上的操作员即可根据该标志的起始点和方位来得出遇险幸存者的确切位置，及时进行营救。其标志信号在雷达显示器上的视觉效果如图 4-22 所示。图中 ON 为船艏线，OA 为救助船与幸存者间的距离，θ 为救助船与幸存者间的方位夹角。

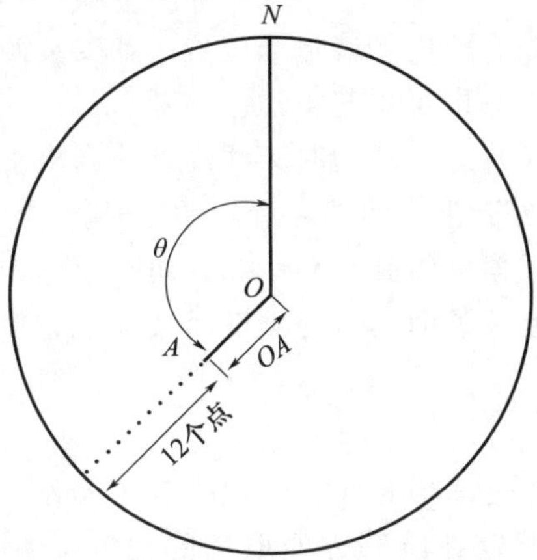

图 4-22 SART 信号在雷达上的显示

前文描述的是双方距离较远时的情形。随着双方距离渐近，雷达所收到的SART信号也渐强，因而在大光点附近会逐渐出现小光点。这主要是SART响应雷达波的回扫信号造成的。当距离近至约1 n mile时，雷达天线的旁瓣方向也能接收到SART信号，此时由于余辉现象，导致雷达显示器上的标志信号由12个光点逐渐扩展为12条弧线。再近时则可形成12个同心圆。这时的标志信号只能用来测距，却无法用来测量方位。为避免出现上述情形，要求搜救雷达的操作员必须随距离的逐渐接近，适时降低雷达增益。始终保持雷达显示器上的SART标志信号呈12个光点状态。

另外，除发射无线电信号外，在SART上还同时设有声、光指示装置，以便遇险幸存者判定设备的工作状态和搜救单位距离的远近。以TRON型SART为例，在其处于待命状态时，其上的指示灯以亮0.5 s、灭1.5 s的2 s周期闪动。当收到雷达信号后，其频率加快，改为以亮0.5 s、灭0.5 s的1 s周期闪动。声响装置在待命状态不发声，在收到雷达信号后，远距离时，能周期性地听到应答时发出的短促声，随着距离渐近，周期渐短，直至变成连续的声响，此时表明搜救雷达已经近在咫尺了。若听到几种不同音调的声响时，则可断定有多个救援船舶或飞机到达。

①配备要求

按IMO要求，凡从事国际航行的300总吨以上的货船和一切客船必须装备GMDSS设备。对于SART装置，则明确规定：无论在哪一航区，500总吨以上的货船应至少配备2台SART，而不满500总吨的货船，则可只配备1台SART。

②安装

安装前主管部门应认真做好设备的测试，并做好型号、序号、电池的有效期登记。

安装在驾驶台靠近左右门内侧墙适当位置，如安装两台时，左右侧对称各装一台。必须不借助任何工具即可提起雷达应答器。

如安装在救生艇（筏）上，使用时天线高度应高出水面至少1 m。

装船的SART应在外壳上标明船名和船舶呼号。

配备可用作系绳的浮索应将其妥善盘起，防止损坏。

安装完毕后，应将有关说明书、各类证明及证书完整移交船舶责任人并应妥善保管。

③SART的操作

McMurdo S4型雷达应答器由英国马克默多（McMurdo）公司生产。

应答器的安装支架固定在舱壁方便取用的地方，遇险离船时一起带上救生艇，将应答器安装在手动可拉长的支架顶端，以利于搜救船雷达发现。

a. 遇险寻位操作

当船舶遇险时，搜救船应利用遇险者带的雷达应答器进行现场寻位，所以，遇险者应将雷达应答器的红色保险销打开，向左方向旋转开关至标有“1”的ON（开）位置，开启雷达应答器，拔掉黑色可伸缩支杆底部的橡胶盖，拉出升长黑色支杆，将雷达应答器固定在救生艇（筏）尽可能高的位置。雷达应答器机身底部的系绳可用于固定或绑于落水者的腰间。

McMurdo S4 型雷达应答器操作如图 4-23 所示。

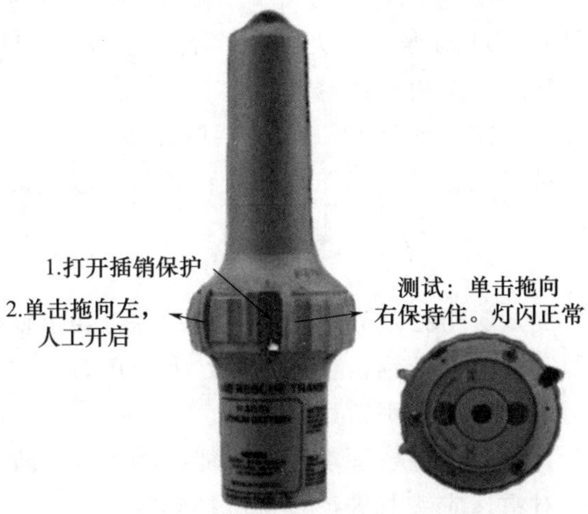

图 4-23 McMurdo S4 型雷达应答器操作示意图

搜救船雷达上用 X 波段探测后，雷达屏幕显示如图 4-24 所示。

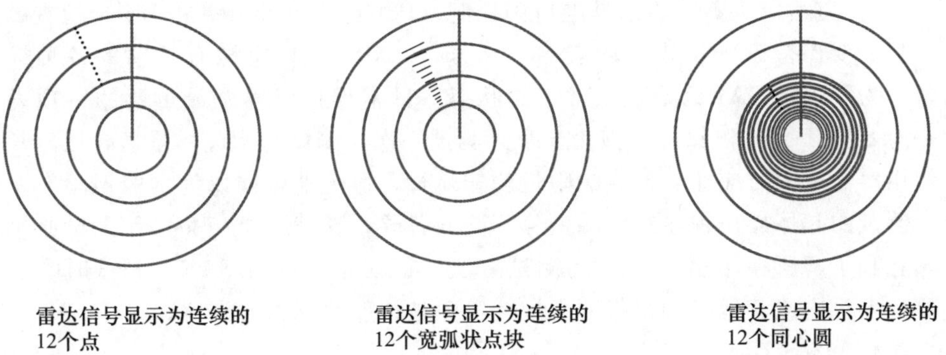

图 4-24 雷达屏幕显示

在图 4-24（a）中，距离 SART 5～6 n mile 时，雷达屏幕显示为 12 个径向点，最近点为 SART 的位置。

在图 4-24（b）中，距离 SART 2～3 n mile 时，雷达屏幕显示为 12 个宽弧状点块。

在图 4-24（c）中，距离 SART 小于 1 n mile 时，雷达屏幕显示为 12 个同心圆。

b. 自测

向右旋转开关圈至“TEST”测试位置，且按住保持在此位置。

如果 SART 上的红灯连续闪烁，且每 2 s 发出“哔”的声音，表示正常。

如每隔 2 s SART 红灯闪烁，且无任何声音，表明自测试失败，需重新检查，再失败，需联系技术人员更换或修理。

测试完毕，松开开关圈退回至 OFF（关）位置即可。

注：自测试只能进行几秒钟，不能持续太长时间，以免被附近船只上的雷达侦测到信号而引起误会。

④使用和维护

船舶出现紧急情况，应由指定人员按船长指示在母船上操作使用。

弃船时，应由指定人员携带到救生艇（筏）上使用。

应按照操作说明书的要求使用雷达应答器。

SART 装船后，有关人员应熟练掌握其性能结构、操作规程和测试方法。

应指定人员负责对雷达应答器进行日常维护和管理。

应定期测试并做好记录，测试的时间应限制在 5 s 内。

应注意电池的有效期，电池的更新由主管部门统一负责安排。

当港口国有关部门检查时，指定的管理人员应在场，并给予必要的协助。

“搜救雷达应答器”历来是港口国控制（PSC，Port State Control）检查的严控项目。要保持 SART 表面的船名、呼号、MMSI 码、电池有效期等各种标记清晰，为了保证 SART 处于正常工作状态，日常维护保养中最重要的一项内容就是对 SART 定期测试，一般为 3 个月测试一次。测试时间应尽量短，以延长电池使用寿命，同时应注意不影响附近船舶航行，避免他船误以为本船遇险。实际上，测试的具体操作程序因产品型号不同而各异，这就要求相关操作人员必须尽快熟悉和了解所在船舶 SART 的测试方法。但切记：进行 SART 测试时，一定不要在港界内或其他船舶密集的水域，以免被他船收到引起误解。

（2）AIS-SART

①作用

用于救助现场寻位，与船（机）载 AIS 构成寻位系统。

与 Radar-SART 相比，具有通信距离远、信号容易被接收和发现、使用时受天气和海况影响小等特点。

一旦船舶遭遇险情，启动后在 AIS 专有信道（AIS1 的 161.975 MHz 和 AIS2 的 162.025 MHz）交替发出遇险位置、状态、安全信息等与 AIS 系统格式一致的信息。

②AIS-SART 设备组成

a. GPS 接收系统部分

接收 GPS 卫星信号获取船位、时间、速度信息，并将信息通过接口输出到通信控制部分。

b. 通信控制部分

包括通信控制器、简易显示器、启闭开关和电池等，是整个装置的核心部分，作用是对来自 GPS 接收系统的信息进行处理，实现信息编码以及相应状态的显示。

c. 双信道 TDMA（Time Division Multiple Access，时分多址）发射机部分

发射来自通信控制部分的编码信息。

③性能要求

• 发射报告的间隔为 1 min 或更短，内部设有 GPS 每次发射取其当前位置。

• 发射带宽为 25 kHz，传输速率为 9.6 kbit/s，调制方式为高斯滤波最小移频键控（GMSK，Gaussian filtered Minimum Shift Keying）。

• 标识码为 970XXYYYY，“970”为 AIS-SART 设备识别码，“XX”为 00—99，用来代表生产厂家，“YYYY”为生产序列号。

• 设置有防止意外启动装置与视（听）觉装置，以指示操作是否正确。

• 可以手动开启和关闭，也可以自动开启。

• 发射功率为 1 W，天线工作高度至少高出水面 1 m，水面被探测到距离至少 5 n mile。

• 在环境温度－20～55℃的范围内可以持续工作 96 h。

• 沉入 10 m 水深能至少保持 5 min 水密，受到 45 ℃热冲击时应能保持水密。

• 不应受到海水、油的损坏，20 m 高空坠入水中而不损坏。

• 避免损坏救生艇（筏），装置的外部结构应该平滑。

• 颜色为黄色或者橙色，长期暴露在阳光下，颜色不会退化。

• 除 AIS-SART 装置应能漂浮外，还应该配备 10 m 左右的可漂浮绳索、支架、支座以及不小于 1 m 的支杆等附件。

④安装要求

• 安装前主管部门应认真做好设备的测试，并做好型号、序号、电池的有效期登记。

• 应安装在驾驶室靠近左右门内侧墙适当位置，必须不借助任何工具即可提起雷达应答器。

• 若安装在救生艇（筏）上，SART 的天线高度应高出水面 1 m。

• 装船的 SART 应在外壳上标明船名和船舶呼号。

• 配备绳索平时应盘起，防止损坏。

• 安装完毕后，应将有关说明书等资料移交船舶责任人并应妥善保管。

⑤维护保养

• 船舶出现紧急情况，应由指定人员按船长指示在母船上操作使用。

• 弃船时，应由指定人员携带到救生艇（筏）上使用。

• 应按照操作说明书的要求使用。

• 装船后，有关人员应熟练掌握其性能结构、操作规程和测试方法。

⑥操作

a. 在没有弃船的紧急情况下，用 AIS-SART 遇险报警：

• 从支架上取出 AIS-SART，放在室外敞开的地方。

• 扳开红色插销，转动中部圆环，使圆环上的向上箭头指向“ON”（开）位置。

• 检查 LED 灯指示。当闪亮时表示已启动，但 GPS 没有定位；当常亮时，表示 GPS 已经定位。把 NAS-1000 放在敞开区域，以便 GPS 尽快定位。

• 如内部蜂鸣器发出“滴、滴……”声音，表示正在发射。通常情况下，每分钟可以听到 8 个“滴”音，表示发射 8 个信息。

• 考虑到天线极化关系，AIS-SART 应保持垂直向上。

• 可用随设备提供的伸缩杆提高 AIS-SART 的有效高度。

• 报警结束后，转动中部圆环，使圆环上的向上箭头指向“OFF”（关）位置，停止发射。

b. 紧急情况下用 AIS-SART 遇险报警：

• 用随设备提供的伸缩杆固定在救生艇（筏）内，或用设备上的尼龙线吊在救生艇（筏）顶内。

• 扳开红色插销，转动中部圆环，使圆环上的向上箭头指向“ON”（开）位置。

• 检查 LED 灯指示。闪亮时表示已启动，但 GPS 没有定位；当常亮时，表示 GPS 已经定位。

• 如内部蜂鸣器发出“滴、滴……”声音，表示正在发射。通常情况下，每分钟可以听到 8 个“滴”音，表示发射 8 个信息。

• 报警结束后，转动中部圆环，使圆环上的向上箭头指向“OFF”（关）位置，停止发射。

三、遇险信号

船舶遇险并需要救助时，应使用或显示《避碰规则》附录四所述的信号：

（1）下列信号，不论是一起或分别使用或显示，均表示遇险需要救助：

①每隔约 1 min 鸣炮或燃放其他爆炸信号 1 次；

②以任何雾号器具连续发声；

③以短的间隔、每次放 1 个抛射红星的火箭或信号弹；

④无线电报或任何其他通信方法发出莫尔斯码·······———·······（SOS）的信号；

⑤无线电话发出“梅代”（Mayday）语音的信号；

⑥《国际简语信号规则》中表示遇险的信号 N. C.；

⑦由一面方旗放在一个球体或任何类似球形物体的上方或下方所组成的信号；

⑧船上的火焰（如从燃着的柏油桶、油桶等发出的火焰）；

⑨火箭降落伞式或手持式的红色突耀火光；

⑩放出橙色烟雾的烟雾信号；

⑪两臂侧伸，缓慢而重复地上下摆动；

⑫通过在下列频道或频率上发出的数字选择性呼叫（DSC）发出的遇险警戒：甚高频第 70 频道，或 2 187.5 kHz、8 414.5 kHz、4 207.5 kHz、6 312 kHz、12 577 kHz 或 16 804.5 kHz 频率上的中频/高频；

⑬船舶的 Inmarsat 或其他移动卫星业务提供商的船舶地球站发出的船到岸遇险报警；

⑭由无线电应急示位标发出的信号；

⑮由无线电通信系统发送的经认可的信号，包括救生艇（筏）雷达应答器。

（2）除为表示遇险需救助外，禁止使用显示上述任何信号以及可能与上述任何信号相混淆的其他信号。

（3）应注意《国际信号规则》的有关部分、《商船搜寻与救助手册》以及下述的信号：

①一张橙色帆布上带有一个黑色正方形和圆圈或者其他合适的符号（供空中识别）；

②海水染色标志。

船舶和救生艇（筏）按国际公约要求规定应配有一定数量的视觉信号，当船舶遇险时利用这些视觉信号可以显示出遇险船舶以及救生艇（筏）的位置，以便引起周围船舶、海上设施和飞机上人员的注意。

在使用这些信号时应特别注意，白天最好使用烟雾信号，夜间尽可能使用灯光火焰信号，以便达到容易被发现的目的，而且只有当船舶、飞机出现在视线范围内时使用这些信号，才能起到遇险报警的作用。

附录　中华人民共和国海上设施工作人员海上交通安全技能培训管理办法

第一章　总　　则

第一条　为加强海上交通安全管理，提高海上设施工作人员专业技能，保障海上人命和财产的安全，防止海洋环境污染，依据《中华人民共和国海上交通安全法》，制定本办法。

第二条　在中华人民共和国境内从事海上设施工作人员海上交通安全技能培训业务（以下简称培训业务）的单位以及接受培训的人员，适用本办法。

第三条　中华人民共和国海事局是海上设施工作人员海上交通安全技能培训的主管机关。

直属海事管理机构具体负责海上设施工作人员海上交通安全技能培训的监督管理工作。

第二章　一般规定

第四条　海上交通安全技能培训是指海上设施工作人员应接受的消防、救生等技能的基本培训和避碰、信号、通信等技能的专业培训。

在中华人民共和国管辖水域内停泊、作业的海上设施上的所有工作人员应接受基本培训，承担避碰、信号与通信有关职责的工作人员还应接受专业培训。

第五条　从事培训业务的单位应是法人单位，并配备满足海上交通安全技能培训需要的场地设施设备和教学人员（见附件 1），建立相适应的培训管理制度和安全防护制度，并将该项培训业务纳入质量管理体系，该体系参照《中华人民共和国船员培训和船员管理质量管理规则》建立和运行。

第六条　从事培训业务的单位应当按照本办法规定的《海上设施工作人员海上交通安全技能培训大纲》（见附件 2，以下简称《培训大纲》）设置培训课程、制定培训计划和开展培训。培训课程应进行论证，并经直属海事管理机构确认，确保其覆盖性、符合性和可行性。

第七条 从事培训业务的单位在首次开展海上交通安全技能培训前，应向主管机关报告《从事海上交通安全技能培训单位信息表》（见附件3）。开展海上交通安全技能培训业务的单位信息由主管机关统一公布。

第三章 培训和发证

第八条 从事培训业务的单位应当做好培训学员和培训过程的组织和管理，保证培训安全和质量。培训结束后对学员进行理论和实际操作考试，出勤率低于90％的学员不得参加考试。

第九条 学员完成培训并考试合格的，由从事培训业务的单位为其出具本办法规定的《海上设施工作人员海上交通安全技能培训合格证明》（见附件4，以下简称《培训合格证明》）。

第十条 基本培训《培训合格证明》长期有效，专业培训《培训合格证明》有效期为5年。《培训合格证明》在全国范围内具有通用效力。

《培训合格证明》污损或遗失的，由原实施培训业务的单位负责核实、补发。

第十一条 海上设施工作人员办理《培训合格证明》再有效的，应按照《培训大纲》的要求参加知识更新培训并通过培训单位组织的考核。

《培训合格证明》失效1年及以上的，应重新参加培训考试。

第十二条 从事培训业务的单位应当为学员建立培训档案，按照质量管理体系的要求，做好培训记录，并如实向所在地的直属海事管理机构及时报送下列相关信息：

（一）开班3日前报送培训计划，开班前报送学员信息；

（二）考试后3日内报送培训完成情况和出具《培训合格证明》情况。

第四章 监督管理

第十三条 海事管理机构应当加强对海上交通安全技能培训的事中事后监管，采用双随机检查及结合质量管理体系管理等方式对辖区单位开展培训业务进行监督检查。监督检查主要包括以下内容：

（一）培训教学计划的执行情况；

（二）承担本期培训教学任务的教员情况和授课情况；

（三）培训场地、设施、设备及教材的配备、使用、补充情况；

（四）培训规模、培训开展情况与经确认的培训课程适应情况；

（五）培训过程组织和学员的出勤情况；

（六）培训考试和《培训合格证明》出具情况；

（七）培训相关制度和质量管理体系的运行情况。

在从事培训业务的单位首次开展海上设施工作人员海上交通安全技能培训前，海事管理机构应开展一次全面的现场监督检查，重点检查培训课程确认情况、场地设施设备和教学人员的配备情况以及相关管理制度和质量管理体系的建立情况。

第十四条 从事培训业务的单位应诚实守信，有下列情形之一的，2 年内不得通过主管机关的相应信息系统出具《培训合格证明》：

（一）培训课程不符合《培训大纲》要求的；

（二）培训场地、设施、设备和教学人员配备不满足培训标准的；

（三）相关管理制度和质量管理体系不能有效运行的；

（四）不按照规定向直属海事管理机构报送培训计划和学员培训信息的；

（五）不按照规定出具《培训合格证明》的。

未向主管机关报送《从事海上设施工作人员培训业务的单位信息表》及未经主管机关公布的单位，不得从事海上交通安全技能培训。

第十五条 存在下列情形的，相应《培训合格证明》由出具单位予以作废，并将有关信息报告所在地的直属海事管理机构：

（一）海事管理机构发现未按照规定要求开展培训考试的；

（二）弄虚作假或者以不正当手段取得《培训合格证明》的。

第五章　附　　则

第十六条 《培训合格证明》样式由主管机关统一制定和发布，并由从事培训业务的单位通过主管机关的相应信息系统出具。

第十七条 海上设施所有人、经营人或者管理人应确保其雇佣的海上设施工作人员按照要求接受海上交通安全技能培训，持有相应的《培训合格证明》。

本办法规定的海上交通安全技能培训不替代海上设施工作人员依照有关法律法规和国际公约的规定，应接受的其他岗位专业技能培训。

第十八条 海上设施工作人员按照国家其他法律、法规培训并持有相关证书证明，符合《培训大纲》要求或经过补差培训后符合《培训大纲》要求的，培训单位可为其出具本办法规定的《培训合格证明》，且专业培训《培训合格证明》的有效期不超过原相关证书证明的有效期。符合性及补差培训课程应经直属海事管理机构确认。

持有海船基本安全培训合格证和相关专业技能适任培训合格证的，免予相应的海上交通安全技能培训。

第十九条 本办法发布前，已从事相应工作的海上设施工作人员，应当于2022年9月1日前完成海上交通安全技能培训，持有相应的《培训合格证明》。

第二十条 本办法由中华人民共和国海事局解释。

第二十一条 本办法自2022年3月1日起施行，有效期5年。

附件：1. 场地设施设备和教学人员配备标准

2. 海上设施工作人员海上交通安全技能培训大纲（专业培训部分）

3. 从事海上交通安全技能培训单位信息表

4. 海上设施工作人员海上交通安全技能培训合格证明

附件 1

场地设施设备和教学人员配备标准

（一）培训场地设施设备配备标准

序号	场地、设施、设备	数量	标准要求	备注
1	多媒体教室	1 间	能容纳 30 人。可租用	法规及安全作业
2	防污染设备	若干	配备木屑、吸油毡、消油剂等	
3	垃圾回收装置	若干	按照船舶垃圾分类要求配备垃圾回收装置	
4	无线电保安设备	1 套	包括船舶保安报警系统 SSAS 1 套、自动识别系统 AIS 1 套、手持甚高频对讲机 3 套	
5	防弹衣、钢盔	5 套		
6	防弹盾牌	2 个		
7	刀片滚笼	1 组		
8	手持式金属探测器	2 套		
9	挂图、模型和器具	2 套	每套包括防爆器材、武器挂图；关键部分可开启、附有逃生线路和安全舱的船舶演示模型	
10	影像资料	1 套	包括防海盗、防恐怖袭击等内容	
11	陈列室	3 间	能满足放置消防、急救、救生艇（筏）等有关属具和物品，具有所需观摩空间	救生
12	游泳池	1 个	游泳池不小于 20 米×10 米。跳水区域满足安全要求并设有不少于 4 米跳台。可租用	
13	救生衣	30 件	符合海船船用标准	
14	救生服（保温浸水服）	10 套	符合海船船用标准	
15	救生艇及收放装置	1 套	封闭式救生艇，属具和备品齐全	
16	气胀式救生筏	2 具	属具和备品齐全	
17	直升机救助吊升设备	1 套	满足直升机海上营救训练使用	
18	搜救雷达应答器、AIS 搜救应答器和卫星应急无线电示位标设备	各 1 台	应配备实物和相关操作使用的影音资料	
19	直升机模拟训练器	1 套	满足直升机水下逃生训练使用及相关设计和产品认证要求	

续表

序号	场地、设施、设备	数量	标准要求	备注
20	潜水用具	4套		
21	医用氧气瓶	1套		
22	引航梯	1套		
23	海上爬梯	1套		
24	带防坠落器的安全绳	2套		
25	高处救援装置	2套		
26	载人吊笼	1套		
27	人体解剖挂图	1套	人体九大系统各1幅	
28	人体骨骼模型	1具		
29	心肺复苏模拟人	2个	具有语音提示功能，提示学员操作正确与否	
30	急救箱	2个	符合海船船用标准	
31	担架	1具	适合船舶医疗救护的专用担架	
32	绷带、三角巾、止血带、夹板（适用上、下肢）	15个（副）	至少备有各15个（副）	
33	听诊器、血压计、体温计	各5个		救生
34	国际、国内有关法规和资料	2套	《海员培训、发证和值班标准国际公约》(STCW)、《国际防止船舶造成污染公约》(MARPOL)、《国际海上人命安全公约》(SOLAS)、《2006年海事劳工公约》(MLC)、《国际救生设备规则》(LSA)、《国际消防安全系统规则》(FSS)、《疲劳导则》(Guideline on Fatigue)、《国际安全管理规则》(ISM Code)、《船舶油污应急计划》(SOPEP)、《船员安全工作守则》(Code of Safe Working Practices for Seafarers)、《中华人民共和国劳动法》、《中华人民共和国海洋环境保护法》、《防治船舶污染海洋环境管理条例》等	
35	适用于海上设施安全的保护装置	15套	长筒防护鞋、防护手套、防尘面罩、气密护目眼镜、耳塞、安全带，配备与以上设备相匹配的操作使用以及安全注意事项的挂图	
36	测氧仪、测毒仪、防毒面具	2套	防毒面具应配备不同滤罐，配备与以上设备相匹配的操作使用以及安全注意事项的挂图	

续表

序号	场地、设施、设备	数量	标准要求	备注
37	影像资料	2套	能够体现火灾应急、碰撞应急、进水与沉没应急的演示、海上设施安全作业和管理过程的视频，海上设施常见工伤事故资料	救生
38	挂图	2套	常见海上设施甲板及舱室布置图、应变部署表	
39	模拟消防舱室	1间	分上下两层舱，设通道、直梯或斜梯、人孔、防火门、通风筒，预设2个以上燃烧点（池或盒）。烟雾发生装置1个、船用担架2具、急救箱2个、船用对讲机4个、推车式泡沫灭火器1具、可携式泡沫装置1具、防火毯2件、手提灭火器2只	消防
40	手提式灭火器	15个	干粉、二氧化碳、泡沫灭火器至少各5个	
41	应急消防泵	1台	符合《国际消防安全系统规则》要求，并且具有配套水源（包括水井、水池或其他的能够供水的设施）	
42	水龙带	10条	直径为50毫米或65毫米	
43	消防栓	5个		
44	水枪	5个	水柱和水雾两用型4个、直流型1个、水雾型1个	
45	国际通岸接头	2个		
46	紧急逃生呼吸装置	5套	符合《国际消防安全系统规则》第三章的要求	
47	训练服	15套	包括安全帽、棉质训练服、工作鞋、手套等	
48	消防员装备	10套	符合《国际消防安全系统规则》第三章的要求，至少包括个人配备物品（防护服、长筒靴、硬头盔、安全灯、消防斧）、自给式压缩空气呼吸器（配空气瓶20个或充气装置1套）和耐火救生绳	
49	火灾自动报警系统	1套	包括报警装置及感温、感烟探测器各2只	
50	固定压力式水雾灭火系统	1套		
51	固定水灭火系统	1套		
52	干粉灭火系统	1套		
53	海上设施值班瞭望模拟器	1套	能够模拟海上设施所处海洋环境，满足值班瞭望及应急通信联络基本操作训练需要。可由船舶操纵模拟器代替	避碰

续表

序号	场地、设施、设备	数量	标准要求	备注
54	信号旗	1套	40面	信号
55	灯光通信设备	1套	船用手提白昼信号灯	
56	号灯号型实物或替代物	1套	替代物可为国标号灯号型挂图	
57	GMDSS模拟器	1套	由教师机和30个终端组成网络	通信
58	文件与资料	1套	国际电信联盟《无线电规则》或《海上移动业务实用手册》、海岸电台表、电台工作日志、《海上无线电信号表》第1、3、5卷等	

注：本要求可满足20人/班×2个班的培训需要。未标明可租用的均须自有。有关装置设备的设计及产品应满足相关行业标准，并经权威机构认证。

（二）培训教学人员配备标准

基本条件	其他要求
1. 承担基本急救部分的教员应具有医学类专业大专及以上学历，具有3年及以上的医疗实践经验，熟悉船舶和海上设施基本急救的状况与环境。 2. 承担直升机营救及遇险水下求生部分的教员应经过专业训练并具有相应的资质，如救援潜水员资质、吊机操作资质等。 3. 承担基本培训其他部分的教员应满足下列条件之一： (1) 具有航海类专业大专及以上学历的海船船长、驾驶员、轮机长、轮机员； (2) 具有航海类专业本科及以上学历，并具有不少于1年的海上设施工作经历的专业教师； (3) 具有3年以上海上设施相应技能培训教学经历，并具有不少于1年以上海上设施工作经历的专业教师（仅限承担教学经历所对应的培训内容）。 4. 承担避碰、信号部分的教员应具有航海类专业大专及以上学历，持有海船船长或大副适任证书，并具备不少于3个月的海上设施工作的经历。 5. 承担通信部分的教员应具有通信类专业或航海专业本科及以上学历，持有GMDSS通用操作员及以上适任证书，并具备不少于1年的GMDSS系统操作经历	1. 理论教员须自有。 2. 实训教员按照师生比1∶10配备，可外聘。 3. 基本急救部分教员不少于2人，除基本急救部分外其他教员总数不少于6人。 4. 培训规模如果超过20人/班×2个班，需要相应增加教学人员

附件 2

海上设施工作人员海上交通安全技能培训大纲*（专业培训部分）

培训目标	培训要求		评价标准	初次培训学时		知识更新培训学时	
	理论知识	实践技能		理论	实践	理论	实践
专业培训							
一、避碰							
与海上移动目标碰撞危险判断	1. 了解《1972 年国际海上避碰规则》的内容、应用和意图； 2. 了解海上设施值班瞭望的基本要求； 3. 掌握视觉瞭望和判断碰撞危险的方法； 4. 掌握利用各种可用的设备（如雷达、AIS 等）协助瞭望和判断碰撞危险的方法； 5. 掌握碰撞危险形成后的行动要求； 6. 掌握航海图书资料的查阅	1. 能够利用各种手段保持正规瞭望； 2. 能正确判断与海上移动物标的碰撞危险； 3. 形成碰撞危险后能迅速采取有效的行动； 4. 能运用航海图书资料了解海域通航环境	能合理判断是否存在碰撞危险，并能采取恰当的行动	4	3	1	2

* 基本培训大纲略，相关内容详见《海上设施工作人员海上交通安全技能培训基本培训教材》一书。

续表

培训目标	培训要求		评价标准	初次培训学时		知识更新培训学时	
	理论知识	实践技能		理论	实践	理论	实践
二、信号							
船舶和海上设施的信号	1. 了解船舶、海上设施的定义及类型； 2. 熟悉在航和锚泊船舶和海上设施号灯、号型的显示与识别； 3. 熟悉在航和锚泊船舶和海上设施声响与灯光信号的种类与使用； 4. 了解常见国际信号旗及组合旗(A、B、G、H、N、O、P、Q、RY 等)的含义	1. 能正确显示海上设施的号灯号型、施放声响与灯光信号； 2. 能够正确识别 A、B、G、H、N、O、P、Q、RY 等国际信号旗的含义	能正确显示和识别号灯、号型和灯光声响信号	2	1	0	1
三、通信							
(一)海上通信基本知识	1. 了解全球海上遇险与安全系统的概念。 2. 了解海上设施通信的基本功能、海上通信优先等级划分、安全信息基本内容及播发方式。 3. 了解海上设施常见的通信设备： (1)甚高频电话； (2)单边带无线电话； (3)海事卫星电话； (4)NAVTEX； (5)AIS。 4. 了解我国海上搜救通信机制	1. 正确使用双向无线电对讲机/甚高频无线电话进行常规通信； 2. 正确使用 NAVTEX/VHF 等接收海上安全信息，能正确读取海上安全信息	能够正确使用设备进行呼叫与应答	2	2	0.5	1

续表

培训目标	培训要求		评价标准	初次培训学时		知识更新培训学时	
	理论知识	实践技能		理论	实践	理论	实践
(二)海上应急通信	1. 了解遇险通信、紧急通信和安全通信。 2. 熟悉海上遇险通信的程序与内容： (1)掌握使用海事卫星电话(或移动电话)进行遇险通信； (2)了解甚高频无线电话遇险通信； (3)了解 EPIRB 的作用； (4)了解 Radar-SART 与 AIS-SART 的作用。 3. 了解并正确使用遇险信号： (1)每隔约 1 分钟鸣枪或燃放其他爆炸信号一次； (2)以任何雾号器具连续发声； (3)两臂侧伸,缓慢而重复地上下摆动等	1. 使用海事卫星电话(或移动电话)进行遇险通信； 2. 使用甚高频无线电话完成遇险通信； 3. 正确操作 EPIRB； 4. 正确使用 Radar-SART 与 AIS-SART； 5. 正确发送遇险信号	能够正确使用设备进行海上遇险信息的发送	2	4	0.5	2
合计				10	10	2	6

附件 3

从事海上交通安全技能培训单位信息表

机构名称		注册地址	
法定代表人		培训地点	
统一社会信用代码		联系人及联系方式	
单位性质	事业单位、企业、其他（　　　　　）		
上级单位或管理部门			
培训规模			
所附材料	1. 统一社会信用代码证（复印件）； 2. 场地设施设备和教学人员的配备情况及证明材料； 3. 相关管理制度和质量管理体系证明材料； 4. 海上交通安全技能培训课程及论证材料		
法定代表人签名： 年　　月　　日		培训单位印章：	

附件 4

证书号码：

海上设施工作人员海上交通
安全技能培训合格证明

我单位符合《中华人民共和国海上设施工作人员海上交通安全技能培训管理办法》之规定。

兹证明________，身份证号码/护照号码：____________________，业已按照《中华人民共和国海上交通安全法》的规定，于____年____月____日至____年____月____日在本单位完成下列海上交通安全专业技能培训，考试合格。

培训内容	有效期
□ 基本培训（消防、救生）	长期
□ 专业培训（避碰、信号、通信）	五年

单位名称（印章）：

年　　月　　日